*Méditations lyriques*

*Méditations lyriques*

# Méditations lyriques

Books on Demand

*Méditations lyriques*

Edition : Books on Demand,
12 / 14 rond point des champs Elysées, 75008 Paris
Impression : BoD - Books on Demand Norderstedt, Allemagne
ISBN : 9782810601714
Dépôt légal : Mars 2016



*Méditations lyriques*

# Méditations lyriques

## Egarements

### Egarement premier

I.
Le Croissant de Diane

Avec sa face élargie d'un bélier champêtre
Le troupeau châtré, par sa condition va paître.
Ainsi d'un cordelier d'un chapelet magique
Déliant les nœuds coulants qui glissent dans ses doigts
Perle, inexistant, un secret mathématique.
Palpables, se défont par le fait de ses lois
Les complexions semblant de cette corde unique
Seulement pour elle, harmonie coexistant
Qui frémit résonnant des cornes sur le bois,
Et vibre à peine avoisinant si près ce plan !
Du taureau minoen lyre, arc précipité
Parmi du cosmos étoilé l'immensité.

## II.
## L'Envers de l'Eclipse

La pleine lune incarnant le disque solaire
D'un reflet incarnat auréolée se teinte
Evoquant le déclin d'un ancien mystère.
La déesse ignorée dont l'ombre se découpe
Se meurt en triomphant d'une assassine étreinte.
En un rituel secret s'abreuve à la coupe
L'enfant de la lueur d'où elle s'est éteinte.

## III.
## Panem

Apollon s'accrochant tel un python
A son sithar serein comme un trophée
Pour la nouvelle génération,
De Pan dévore la chair éclatée.
Se réifie le démon du Démos.
L'inspirateur d'un autre Deucalion
Jette aux points cardinaux, écartelée,
D'un arbre enclos en colonne à Byblos,
Ainsi que le ramassis de ses os
Les restes de sa flûte du Laos.

## IV.
## Le Disque rayé

Lueur ondoyant d'un orchestre à cordes,
Déferlent de ces barbares les hordes
Dans la poitrine enflée qui se convulse
Aux inflexions de l'intonation

D'accents nés d'un immatériel frisson
Dont la créature hors nulle part pulse.
Soudain l'auditeur, chevalier du Graal,
Pur esprit, contemplateur de soi-même,
S'élève, transporté vers ce qu'il aime.
Et l'appareil grésille, hoquet brutal.

## V.
## La Naissance de la Poésie

L'oudjat gauche d'Odin, perdu dans les puits froids,
Qui à son imagination le relie,
Lui-même enfantant l'implicite sacrifice
Où de son image humiliée, en le fils,
Le père borgne, envers ce reflet dans l'iris,
Salue le beau Balder avec mélancolie.
Vieillard sombre, il les maudit tous sous sa pelisse,
Et l'ouvrant de ses bras tendus semble un faucon.
Mais par la vision du destin rasséréné,
L'inspirateur des guerriers narrant leurs exploits
Descend de son frêne aux cieux enraciné
Tel un rapace. Or, sa descendance glorieuse,
Jeune dieu lumineux à la harpe harmonieuse,
Boit l'hydromel mêlé du sang de la passion.

## VI.
## L'Etat tiers

La limite où le délire exacerbé joint
Les mains séparées tendant rompt la ronde en deuil
A la folie, la vérité qui de trop loin
En cette danse macabre se font de l'œil.
Atroce, noire, horriblement aimable en sa
Mortelle morsure à la bouche de cerise
Lui sourit de sa trogne édentée sa promise.
(De toutes façons, la mégère, elle l'aura…)
De fée Carabosse, elle fait si belle dame !
Lui déclarant sans retenue l'immonde flamme
Entre deux mondes, le bref instant d'une absence,
Sans le concilier, il retourne à l'innocence.

## VII.
## La Danseuse d'airain

Le pied posé sur un globe ailé, Terpsichore
Verse les sanglots tempérés de son amphore
Comme en un brasier sacrificiel au creux
D'un autel astrologique des douze dieux.
Aligné du cycle solaire aux angles droits,
Le triangle élastique à la terre s'arque en croix.
Au loin, la petite Bohémienne hermétique
Contemple du coin de l'œil ce manège antique.

## VIII.
## Phrase

J'aime à mourir le pendule de Galilée
Triomphant d'une preuve, aux lenteurs orgueilleuses,
Qu'on voit, tel d'un imperceptible mouvement,
Par un rythme en sa main la Terre balancée
L'étreignant de ses influences nébuleuses,
Tardant à se mouvoir, vaciller lentement.

## IX.
## Le Serpent de la Gnose

La chaîne consécutive est jamais finie.
Nuit d'Isolde éprouvant sa mélancolie
Aux vertiges durcis d'un froid isolement
S'obscurcit la profondeur indéfiniment.
Tant vers le néant il tend, le coi Nihilisme
Demande : quoi ? toujours, au travers de son prisme.

## X.
## Lucifuge

Par une nuit d'amnésie rampant sur les murs,
Le nécromant se souvient de ses lieux futurs.
Remontons : on y est ! Les pauvres fruits sont mûrs.

## XI.
## Nagakal

Il a permis que l'homme accède à son savoir
Par l'intercession d'une éternelle ennemie
Choquée image en négatif d'un serpent noir.

Dans les prolongements d'une sinistre envie,
L'if sacré trouve ses racines en miroir.
Mais le vieil arbre humanisé accueille en vie
Le vecteur inversé du terrestre mouroir.

## XII.
## La Bonté

Du Phœnix de sa voix d'enfant,
Frère ennemi, Phénex, charmant
Les cousins d'un vieux bouc, serpente.
La pseudo-monarchie fréquente
Des anges Noirs la nue parente.
C'est la politesse apparente
Des hauts esprits assez méchants
Pour, par respect, laisser les lents.

## XIII.
## L'Escarboucle creuse

Les têtes tranchées de l'Hydre multipliant
Qu'Iaolos, Hercule aidant, cautérisa
De son flambeau que, prévoyant, il sacrifia,
Rejoindront les multiples, nécessairement

Enfantés par l'agonie du dragon blessé.
La Bête a nagé déjà sur les chastes berges
D'une mer aux étendues vastes et vierges
Posant sa griffe obscure au sol martyrisé,
Comme une gaffe égratignant le soleil pur.

Et dans sa posture étrange alanguie de chatte
Lascivement sans fin qui gratte sur le mur,
Parle mille langues à l'étranger qui date
Une rencontre unique et pourtant éternelle,

Dans l'incurvation de l'escarboucle ironique
Reluisant ce crâne céphalonomantique,
Au fil d'un processus amplement marqué d'elle
Comme le long serpentement d'un tracer d'aile,
Par le reflet en négatif de sa prunelle.

## XIV.
## Apaisement relatif

Le procédé résulte.
C'est l'aboutissement.
D'un château tournoyant,
Modifiée, l'exulte,
Ecrasant volatile,
Où il s'exsude en huile,
Inversé, le tumulte.
Tout porte en soi l'empreinte
Animée de la crainte.

## XV.
## Le Babouin

Un différend d'un indifférent dualiste,
Qui mue, singeant un divin individualiste.
On se rend service, à l'un, balançant à l'autre,
Sévice en un vice immisçant au cœur du nôtre.
C'est la différence avec les intellectuels :
Ils jouent avec le diable et ne le savent pas ;
Je joute envers les fronts de ses airs fraternels.
Et nous nous suivons tels d'un tango, pas à pas
Vers l'abîme. Oh ! on sombre à n'être qu'au trépas.

## XVI.
## C'est vous qui le dites

Cabrée cambrant une allée dressant un cobra
Comme la suivant, cette Calabraise
Ravivait de ses courbures comme la braise !
La chimie aux molécules de son Tantra

Vibrait, s'animait jusqu'aux tréfonds des os morts.
Car toujours se retourne le Karma.
Et d'eaux dormantes de leurs contreforts,
Solidifiés, songeaient les Au-delà.

## XVII.
## Envoûtement

Le point de fils de soie que fait l'ensorceleuse
Aux mondes inférieurs, en soi son karma creuse
Aux contrées des hauteurs. Lent travail d'araignée…
Sa volonté s'accomplit sans fin, grignotée.

## XVIII.
### Atavisme

Lune noircie des sorcières du Sundgau,
La pâleur frêle atrophiée mène les loups,
Mêlant sa maigreur adorable aux ruisseaux flous.
Là-bas bêle un peuple innocent d'échos idiot.

## XIX.
### Serrer les dents

Le tiède innocent te ravale sans plaisir,
Verte amertume abreuvée du sang de Kvasir !
Mais dans la source infinie d'arabesques doubles
D'un Avalon scintillant d'émeraudes troubles,
Qui plongea, transcendant son hésitation,
De sa froideur intérieure en l'induction,
Révèle à l'inverse, implosé, le déploiement
De son aura qui sombre lumineusement.

## XX.
## Monostase

« *Alterivs non sit, qui svvs esse potest.* »
Paracelse

Devise helvétique à son corps né de l'esprit
D'une vie hermétique appliquée sans répit.
De l'expérience ultime androgyne accompli,
Le serpent se mord, par le non-être abouti.
Voici le grand secret, perdurant périsprit :
Vois comment l'autogénéré s'autodétruit.

## XXI.
## Globalité quantique

La vaste amplitude où varie, subtil complexe,
La voie de ce dédale en couleurs infinies
Ne se rejoignent à jamais par son réflexe.
Réfléchies à leur fondamental, autrement
Dissemblable, extérieur, d'inverses harmonies
Non contraires, mais d'un léger déplacement,
Percent trop distordues d'universalités !
A choisir par l'ensemble des véracités…

## XXII.
## Ecmnésie

Vulnerant omnes,
Ultima necat
Et vulnerat semper !
Et vulnerat semper
Ultima necat
Vulnerant omnes.

## XXIII.
## Strophe

Hermétique ironie dont tourne, torsion
Au seuil de la porte, une inhumaine vision,
Ricane sur ses gonds le cornu fumigène.
Mue, planant nu, le matin, il scintille à peine.
Frappeur d'un olivier huileux où il se fond,
Sans fin, il s'entretient d'une haleine malsaine.
Toujours au service oublieux de l'illusion.

## XXIV.
## Serein montant

En des tombeaux secrets
Qu'une vibrante horreur
Hante, odeur d'un vieux souffle
Vivant d'*hórreos* vides,
Mon imagination
Des combles de son roufle
Descend par les degrés
D'obscurs escaliers.
Le prisme flottant moufle.
Quand des brumes humides
S'insinuant aux traits
Qui percent ces greniers,
Se révèle en lueur
D'argent grisé de cendre,
L'autel semble se fendre.
Par cette torsion,
Spirales médusées !
Et des lames en ordre,
D'un chacal qui veut mordre
Au symbole agencées,
Remises, les méandres
S'apaisent en flots tendres.

## XXV.
### Tout est pour le mieux

Comment ne pas vouloir un *éternel retour*,
De toute chose infiniment, confirmation
De l'ordre universel d'un souverain amour ?
S'il faut le dire : avis, rêve, erreur, opinion,
Authentique bêtise, et lyrique ignorance !
Et l'équilibre fou des contraires extrêmes ;
A l'être libre inspire une étrange éloquence.
Avoues, malin petit vicieux, que tu aimes !

## XXVI.
### Ciel de Nuit

Sorte de gouffre d'air d'une harmonie baroque,
Les taches bleues d'encre or s'imprègnent aux duvets
D'un ciel nocturne happant leur noirceur réciproque.
C'est la musique d'or de faux-fuyants furets,
Dans le velours des sombres circonvolutions.
Respirations d'invisibles détonations,
Comme un trompe-l'œil en trou noir où erre Eros,
L'œillet se ferme encor sans sortir du Cosmos.

## XXVII.

Insinuant de l'éternité les fissures,
Des cartes de Nephtys vont les châteaux mouvants,
Fleuve cristallin traversé de blonds serpents
Par une verrière aux boucs aux noires frisures.
D'ailleurs, ils sont fous de leurs femmes, innocents,
Car descendants ignorés d'anciens puissants !
L'oudjat de la clef Ankh pénétrant les serrures
Perçoit l'immensité des possibles futurs.
Mais dans un clair brouillé tamisé de glaçures,
Ainsi qu'un sphinx nocturne, il se heurte à leurs murs.

## XXVIII.
### Le Cœur déchu

Dont comme en une chute infinie se détache
Quand sous un cœur se dérobe un thorax qui lâche,
Ce rubis de l'âme en chute perpétuelle
Semble en l'abîme hors de tous les temps, graduelle
Ascension, remonter à l'origine entière
De la passion qui le consuma jusqu'à pierre !
Le joyau se noie en l'insondable clarté,
Perçant son noyau fatalement purifié.

## XXIX.
## Néant

Tout demeure en soi, lent secret qui détruit né,
Scarabée sur la langue d'Apis tatoué !
L'auroch ferme sa gueule au serpent qui se dresse
Avec une maligne et sinueuse adresse.
Et comme le venin de familiers crochets,
Se clôt en se mordant l'araignée en ses rets
Gerçant les lèvres amourachées de l'extase
Sous la herse langoureusement qui l'écrase.

## XXX.
## La Mémoire des Objets

Sans le regarder, on passe en se regardant,
Alors qu'il est la porte inaccessiblement
Ouverte aux mondes inconnus toujours derrière.
Voyez s'ouvrir le reflet de la lumière !
Malgré l'écho de son insondable justesse,
En son regard se cache une étrange sagesse.
Mais les temps, s'approfondissant, serrent leur lien,
Comme les ondoiements d'un lac à leur frontière,
Enchâssés en un vieux miroir qui se souvient.

## XXXI.
## La Roue

Discrète, humble étoile toujours là au
Firmament de mes nuits en tous jours,
Qui me considères de tout là-haut.
Me souvient d'éternels ennuis d'Amours
Où s'attrayaient de répits les retours.
-Paon dont les couleurs chatoient, tumultueuses,
D'une nuée d'yeux aux papilles trompeuses !
Embrassée par ses ailes vaporeuses,
Ah ! Gloire enlevée d'un frappant rameau !
Cycle infernal où réside le beau.

## XXXII.
## Le Bois déchiré

De deux serpents entrelacés à tort
Que sépare Celui qui se tient seul,
Tranchant justicier au pied d'un tilleul

Arrêtant d'une voix de bourdon un accord,

La croisée se forme d'un nœud celtique
Par l'effet d'une opération cyclique.
Du bois la nervure imposée se tord,
Branche tordue plumant sa fibre unique,

Vidée de sa moelle ainsi qu'un un bâton magique.
Semblant vaporisé, le vieux dragon se mord
De sa gueule armée de dinosaure asiatique,
Réminiscence arborant les cornes d'Hator

De ce tuteur s'entortillant encor.

## XXXIII.
## En Cythère

Menaces de diamant aux lueurs constellées, d'or
Crissant comme une nuit de noces interdites,
Lassé, on adore Amphitrite à son décor.
L'écume fracassant où s'amarre à ces bites
Une flotte au pavois semblant la Toison d'Or
Aspire vers le large une exhalaison douce
Que cette volupté sur sa conque repousse.

## XXXIV.
## Zélos

De mon idéal perdu, triomphant bourreau,
Se meurt un soupir sûr, honorant Bouguereau !
Faiblissant, l'Artiste invinciblement abdique,
Corps terrestre emporté pour l'impossible hymen
En l'Eden par l'Ange qui ment : « Carpe diem »,
Devant la grandeur de sa nudité pudique.
D'un vent de tout agonisant, mue d'abdomen,
Reprend sa lassitude innée l'*ad hominem.*

## XXXV.
## Microcosme

Au cœur vert du myosotis,
Pentacle inversé en abyme
Par deux trois fois après ce dix,
Rose obscure en la nuit sublime,
Se dévoile d'un bleu ciel pur
Le mûr fruit de sa chair, futur.
Rosée d'interne fumigène
Se renferme le couple amant.
L'Œuvre tombe et mousse, homogène,
Etrangement se renversant.

## XXXVI.
## Enlacement

Galette ophite au tour d'un serpent retournée
Tel, tombe au sol, le pain du bourreau mis à part.
Présage d'un autour, fenêtre barbelée,
A la petite ogive en un piège, hagard,
Pris, se débattant crie le chevalier-fée
Tendant ses bras ailés vers l'amante plaintive.
La dame de Caerwent attend toujours, pensive,
Et, princesse ignorée, n'a pas poussé la brique
Tant l'espoir fait chérir un cachot méphitique.

## XXXVII.
## Lady Godiva

Ah ! Douceur comme apeurée par la foule obscène
Qu'en fait elle protège, à l'avant de la scène !
La dame à leurs carreaux évoquant des avents
Passés, semble absolvant la foule des passants,
-En douleur sa fleur nimbant, Collier qui rend fou !-
Pour épargner le peuple de ses artisans
Nue à cheval, pudique, Lady Godgifu.

## XXXVIII.
## Humor

Quand de longs cordons de pluie le ciel à la terre
Relient hermétiquement, dessus la tourbière
Remontant balbutient les druidiques momies.
Sous le fracas pluvieux des intempéries,
Des refrains le plus vieux, mélopée en arpèges,
S'entrelace en la chevelure aux blondeurs beiges
De Sélène, adorable déesse impassible.
-Va, meurs toussant ta plainte à son écho risible,
Dit-elle, et rit encor, encor, encor, encor, encor,
Pour mieux ajouter au noir rictus de la mort.

## XXXIX.
## La Panique de Cernunnos

Perpétuelle expansion du nœud fermé,
Complexe aux bois de Cernunnos entrelacé
En verte frange après les branchages moussus,
Le dragon se confond dans les chênes barbus.
Quand il vient à pas échassés sur ses sabots,
Au détour de la clairière, des marigots
D'un sentier de cerfs ; ou triomphant est juché
Assis en fleur pour la maîtresse du rucher
Son thyrse en caducée à ce serpent offert
Ainsi qu'un trône où Mélusine ouvre sa chair,
Naturel sauvage et sagesse en doux bourdon
Grand Tout bestial accouplé à sa conception !
Vaisseaux de la sylve aux brumes aérienne
Qui court de l'humus dans les noirceurs, souterraine,
Dont la conscience à l'homunculus est semblable
De l'humain par sa double nature insondable,
Il tremble, fœtus dénudé par l'existence
En soi enfouie de sa potentielle omniscience.

## XL.
## Sépulcres

On peut définir qu'un poëme erre
Tel un peu la momification,
Sépulcre fixé, d'un sentiment
Ou d'une impression éphémère.
Au rythme d'une interprétation,
Pleine d'un sens étranger souvent,
Dont se déroulent les bandelettes,
Joyau précieux d'âme, il paie ses dettes.
Pourtant, l'amour de la lyre ment :
Car c'est vers lui seul, sans fin, qu'il tend.

# XLI.
## Le Serpentaire

Qu'il fallût cheminer toujours à la frontière,
Et dans le gouffre à soufre où faut un pas agile
Descendre aux tréfonds infernaux de la matière,
Wagner en Dante de Faust comme son Virgile.
Où construit, bouillonnant brassin, l'homme d'argile,
Adamas-Kadmon le patron de la pierre
En un plastron cruciforme, émerge, subtile,
-Mondes chtoniens brûlants, nauséeuse atmosphère !-
Des vapeurs de l'abîme, un serpent septénaire
Parcourant quatre à quatre une astrale marelle.
Le Phénix ouvre à la croisée quintessentielle
Au centre revenant de ce cœur aux attaques,
Les ailes déployées de ses bras osiriaques.

## XLII.
## Le Château de Nephtys

L'illusion de la linéarité du temps,
Léviathan dont le cycle en élargissements
Développe une spirale d'or infaillible,
Yantra de *nagakal* qui s'enlace, insensible,
Fuit par de Gorynitch les anneaux sinueux.
*Sprit, Sprot*, double dédale, esprit spiritueux,
Philosophie sylvestre au brame rauque et sage
Qu'une *bitis* lie, rage étrangère et sauvage
Par sa séduction canalisant la force
Comme d'un courant de fureur sous son écorce !
A courir dans un sens, on rejoint l'autre extrême.
Le labyrinthe est d'y rester par cela même.

## XLIII.
## Faux Départ

Il est très distrayant de voir débattre,
Pour l'épique esthétique, aussi se battre,
Distorsion vaine, au rêveur inutile,
Tordants sujets d'une terre stérile,
Contre oui, contre non, selon la saison,
Chacun se défendant de sa raison,
Verger maudit planté d'arbres sans fruits.
De jour, de nuit, symphonie des ennuis,
Contre-ut, triolet de bassons et de flûte :
Derrière les volets, toujours turlute !
Peuple ignorant de bergers iscariotes,
Non pas les boucs de sagesses *idiotes* !
Car l'hérésie à jamais vous dément,
Allez avec tous, brebis, de l'avant !

## XLIV.
### Contre-jour

Semblant sur l'océan du char solaire un pleur,
Duvet de faucon de ce cycle à l'extérieur,
Le fou superflu flottant, en lame de fond,
Dans le flou de sa roue, oublié, se confond.
Différence infime agençant l'ordre cosmique,
Se déploie de ses inductions la logique
Comme les échos d'un serpentement tragique.
Et l'autre se contemple en le trouble funeste
De ce regard brûlant tel un miroir céleste.

## XLV.
### Craquelures de l'Ished

Sur la chair d'un avocat gravant
Sa plaidoirie sans fin savamment,
Cette peau craquelle à n'en finir
Déviant, par fissures, l'avenir.
Et, gestation oubliant son âme,
Finement se fuit l'objet du drame
Vers la tragique consomption
D'une interminable équation.
Huile infusée dans son essence,
Se meurt le fruit de la Connaissance.

## XLVI.
## Toile d'Araignée

Sourire en broderie d'une dernière œillade,
Troisième iris élargissant l'infrangible œil
Tétanisé de Judas boudant l'Ogdoade,
Serf, pense hurlant une onde animée par la sienne.
Perdue, la pythonisse, comme un écureuil,
Sur le seuil, médite Ariane en biche érythienne
Qui ne sait pas que l'être au gaspillage aspire.
L'air de Mésomédès que sa vengeance inspire
En l'âme en chêne, violente en amour prêtresse
Qui comme un violon vibre en son bois de tristesse !
Mais cette abeille traîtresse, en sa robe jaune,
Sacrifie, chevauchant comme une bête un faune.
Pentacle mis en abyme, en navette embarque
Celui dont le gardien des gonds porte la marque.
Errant à la porte du Dragon, qui s'efface,
Incarnant Osiris, mimétisme efficace,
Nom du Livre des Morts, fée du destin filant,
Langue des yeux pénétrant langoureusement,
Valet de pique armé qui veille à l'embrasure,
Dont tournoie en grinçant la bizarre figure,
L'ovale ogival d'orbites sa bouche épouse
La Marâtre originelle en goule andalouse.

## XLVII.
## Supérieur à la Vérité

Afin d'éviter le néant, ô philalèthe !
Le sein amer de l'existence nous allaite.
C'est un œil creux qu'il ne faut pas trop voir unique,
Sans fin, car il vaut mieux, ivrement, de panique,
Le fixer suffisamment pour le voir en double.
Et de cette illusion mordorée qui se trouble,
Parmi de l'éternité des éons les ères,
Seul se peut déceler des aspects secondaires.

## XLVIII.
## Pansement

Presque de douleur d'un qui en soi se reflète,
Tiers, Orion brisé dont la jambe se déplie
Comme d'un homme-cerf, ange écartelé, crie
Quand elle vrille, et torse, se démultiplie,
Cassant son angle obtus. Cet arracheur de tête
Se fourvoie, labyrinthe d'un *tangram* trop bête !
Or, on se le souvient, pensant à Epictète.

## XLIX.
## Treize écartent

Boucle où se détient la triple clef cruciforme
De la pierre occulte à la base du Château,
Evoquant tel d'un cube à plat le croisement,
Rayonne irradiant de son harmonie l'informe
Le chœur ouvert du Royaume de Barbélô.
Des possibles chemins revient comme un serpent
Le dédale au faux milieu de la pyramide
Sur des dalles au feu du bûcher de ce jour.
Car la date en Vénus par l'union sublimée
S'additionnant sans fin, pénètre dans le vide
Par l'appel d'air introspectif de son retour,
Carte secrète, au cœur de l'ultime contrée.

## L.
## L'Intelligence des Lieux

Ondulant, se meut, sourd, sur le clapotement
De l'océan primordial qui de sa vie vibre,
Et respire un trivial tourment qui vire libre,
Puis meurt, s'enflamme, et retombe, lourd, s'apaisant.

C'est de quatre chemins le sinueux détour
Qu'il se peut suivre à vivre, traversant le Tibre,
Tout comme une adorable Clœlia. De fibre,
Court sur le pavé mat d'une équivoque cour

Le bouffon maté par les vents spirituels
D’une sifflante allée que des pêchers cruels
Agrippent de leur griffe. Une ruelle étroite

Où d’un soudain sureau les baguettes mystiques
Doigtent à mille sorcières une envie coite,
Se dressent des rosées les moiteurs pathétiques.

## LI.
## Les Cornes de la Brume

Par de nouvelles torsions croisant sa corde,
Le nœud druidique où se démultiplie le monde,
Comme un ouroboros fuit, que sa gueule morde
La queue qu’or il poursuit. Au souffle d’une fronde,
S’assemble, alentour, des vieux esprits de la lande
La nuée errante. Et, solitaire songeur,
L’énigme que se pose un intrus lui demande,
Se tenant, trapu, le Korril, les bras noués,
Tels s’ils pouvaient se déployer vers l’intérieur !
Parmi le seuil brumeux des mondes étrangers.

## LII.
## Conscience végétale

D'un lac souterrain où sommeillent des ondines
Forêt vivante obscurément dont les racines,
Démultiplication d'un fin réseau de nerf,
Mouvantes se souviennent, inversées dans l'air,
Temple secret qui, flots en rideaux, et colonnes
De stalactites se joignant aux stalagmites
Sous la voûte de cristaux et de fluorites,
Vers un soleil enfoui se déploient leurs neurones.
Cherchant son passage ainsi qu'un peuple de vers,
L'Arbre Yggdrasil croît vers le centre en tissus pâles,
Des troncs noueux qui s'enflent ainsi que des chairs
Enchevêtrées d'allées et venues animales.

## LIII.
## Aussi vrai qu'il est faux

Credo par Charlemagne !
Du Baphomet la croix
Par trois fois manque aussi,
Au six marqué d'un bagne
Qui nous ôte la voix.
En l'initié cri,
Voie prise pour d'un roi.
Et seul le fol y croit !

## LIV.
## Hautes Œuvres

Thomas l'Incrédule, et le Haut Traître Judas
Créent la nécessité de la Rédemption !
Et tels aussi des hôtes ou bien des chakras,
Réciproquement, dès le début le seront !
L'imagination du Grand Pan se délure
Quand une âme égarée hante la surnature.
De l'Arbre ancien l'animalité se fait mûre.
Si un esprit vers l'Autre à rêver s'aventure,
Se révèle à ses pas une énigme future.

## LV.
## Le Désintéressement

Dès que tu sors la tête, une autre main te coule.
Je serai l'inconnue, celle que l'ombre ignore,
Et qui te hissera par la nue de l'aurore,
Emportée bien loin au-dessus de la foule.
L'ange érotique ainsi fantasme, pathétique,
Le désespoir ardent du flambeau de sa gloire !
En l'*ovum anguinum* de son rire ironique,
Se répercute au miroir global de la noire
Distillation d'envie, chambre germinatoire,
Né de l'orgueil, un héroïsme maléfique.

## LVI.
## La Flamme noire

Par le bleu sacré feu du dessus des villages,
Sous la lune où s'élancent les sombres branchages,
Chevaucher avec Faust les ailes des démons !
Puis visitant les gouffres des antres profonds,
Parmi des vapeurs de soufre et des fumeroles,
Et séduit, succombant à des succubes folles !
Se vider de son sang sur une terre obscure,
Purger ce corps chétif de sa substance impure.

## LVII.
## Déchirement

Hôte au supplice épars des pins, son corps un coq,
En joli-cœur recourbés d'un facile effort,
A deux têtes dont l'une humaine arrachée, tord.
Rot abruti d'auroch, or tel sorti d'un roc,
Le cursif de lueurs évitées se focalise.
Et par d'infinies noirceurs invité, le foc
Souque rauque, Arts que de sa corde il brutalise ;
Au bruissement désillusionné d'ailes vagues,
Vautré délicieusement au creux des vagues ;
Comme une lyre aux accents dionysiaques.
Contorsions indéfinies d'un râle affreux
Se meure-t-il, nef aux pulsions aphrodisiaques,
Que, mordant cet hymen, pleure Hermès sulfureux.

## LVIII.
## Renaissance

Par un petit tunnel de racines passé
Dessous la terre, à travers des lianes allé,
L'aventurier pourfend ces sanguines veinures.
S'arrachant, cheminant, de rougeâtres nervures,
Aux cheveux, en le ventre d'une noyée blanche,
Tel, un plongeur, transgresse un trou béant qui tranche.

## LIX.
## Hiérarchie parodique

Le déchu corporel
Rêve à son autre au ciel.

Ainsi que Lucifer,
Ange à l'orgueil si fier,

Dont l'esprit pur, déjà,
Veille sur l'agrégat

De son futur, est là,
Jamais lassé, l'envers

En triangle des Enfers.
Comme un regard sublime,

Ce Delta torrentiel
Trop généreux l'anime

De son éclair véniel.
Lion de Samaël !

Lien de l'hydre en palme,
Serpent aux sept crochets,

Ouvert comme une feuille,
L'Aube ambiguë, flot calme,

Contournements discrets,
Veut que le destin cueille

Comme un flambeau, secrets,
Couleurs de Lucibel,

L'éventail du savoir
Né de son flambeau noir.

Tentation d'Ariel !
Fauve monté des eaux,

Plénitude plaintive
Mugissant par les flots,

L’ombre, angoisse instinctive,
Tel par son âme en lui

Avortée ébloui,
Songe sacrificiel

Aveugle à l’éternel
Esprit du Bouclier !

Ne pas participer,
Mais cela sans détruire :

Car son but est de nuire.
Laisser évoluer !

L’obscure théorie
Qui s’attaque à la vie

Ne justifie son œuvre
Qu’en tête de la pieuvre,

Serpent du monastère
Initié au mystère

Par la simple question :
Es-tu un homme ou non ?

LX.

Ovum anguinum

De son halo de flamme au sort fée prisonnière,
L'*Anima sola*, cette âme supplémentaire
Des souffles animés, symbole, ô Serpent sage !
D'un Phœnix féminin, s'engendre de sa cage.
Matérialisée en vibration apaisée,
Femme-scorpion du Livre de Thot incarnée
D'un dragon runique englobée par le lien clos,
Vrombie, triple éclair de la mémoire en faisceaux
Magnétiques, ondes d'un tourbillonnant ressort,
Régénérée, Ewe éternellement ressort.
Et qui semble une pierre où s'abîme une étoile,
Amoncelée de lierre, autour roule sa toile,
Nœud d'aspics de jaspe où mûrit comme en un œuf

La mue diaphane où l'extériorisant palpite
Son cœur tel un rubis s'irisant qui lévite
Parmi ce fin réseau de cristal toujours neuf.
Et à travers les pans d'infime chrysalide
Renaît d'une étrange ardeur la fée translucide
Qui bat, où son regard follet de Salamandre
D'un mirage bleuté perce un torse à le fendre.
Flottant en sa merkaba dodécaédrique,
Reflété par les flots du Noun originel,
Océan primordial d'un octuple appel,
Végète le Génie qui songe, énigmatique.
Têtes et cornes au tiers des astres aussi
De l'étoile humaine, corps subtil et esprit.

## LXI.
## Clef de soi

Le Graal retournera dans la main de la Bête,
Où sur son dos la femme en rouge le brandit.
Creuset d'une émeraude à sa pointe inverti,
Comme le discours inversé d'un Faux Prophète !
Que levant un crucifié sans doute averti,
Au moment crucial d'une gentille fête,
Convivialement partagea, l'anachorète.

## LXII.
## Infrabasse

Petite fée envolée
Comme un violet Eros,
Pipe d'opium dérobée
Au magicien Esquiros !
Il me souvient de vieux contes
Que hantaient, majestueux,
Aux paradis des Archontes

Sa théâtrale chimère.
Pied-à-terre oublieux,
Dans la honte, infirme, sombre,
Dont le sinistre hémisphère
Scintillant dans le Cosmos,
Atrophié nourrit, dans l'ombre,
L'Achérontia Atropos.

## LXIII.
### Jouissance de l'Autre

Equilibre aux chaleurs des deux vases versé,
Tels des spermatozoïdes s'enfuient les hommes,
A la gloire, ou libidineux ; communes sommes ;
D'un astre lumineux, vers la divinité !
L'un s'en va suivant foule à la célébrité,
L'autre à la réussite aspirant. Aux Plérômes
Perdus, avatars éperdus, vautours qui sommes
Vendus, courons à perte avec célérité.
Car, malgré tout, le temps de l'inutilité
Rejoint avec plus de vigueur l'éternité.

## LXIV.
## Semence

Larme plombée de l'Oudjat, souffre
Jusqu'à se glacer, condensé,
L'esprit en colombe, incarné.
Que fi d'un soufflet fît le bouffre !
Et cette pluie, d'un flot limpide,
Sa progéniture lapide.
L'arme de fer frappant le soufre
Par son inverse justement
Remonte en infime vapeur
Ravivée de ce rare pleur,
Etouffé en l'œuf, ruisselant,
Nouveau perpétuellement
Au creux du calice où son signe
A ce liquide igné s'indigne.

## LXV.
## Petit Rien

Ciel obscur ajusté, quantité négligeable,
Perdant les clartés étincelantes d'un diable
Qui soulève les corps, en lévitation,
Où resplendit la treizième constellation,
Le dragon d'Héraklès se révèle, embryon
D'une exponentielle démultiplication !
Crue un iota qui pesait de son grain de sable,
D'un trop simple ordre est né le Chaos par erreur.
Totale organisation de l'impensable !

Harmonie sans fin de la sphère des possibles,
Aux rayons inconnus de l'univers sensibles ;
Sagesse sauvage apprivoisée par l'affable !
De splendeurs plonge au ciel, ô vigueur ineffable,
Se déploie, justifiant rien du Tout l'existence
Qui revient en soi, malgré l'infime distance,
Pour repartir encor à l'extrême Equateur.
Or, se réjouit en vain le Grand Répartiteur,
Régnant sur ce qui est, d'un songe créateur.

# Egarement second

## LXVI.
### Contrepoint

La chambre de la pyramide,
Départ de sa spirale d'or,
Aussi, d'où quelque part il dort
Construisant cette chair viride,

Fractale en des mondes semblables,
N'est pas le centre, mais l'exacte
Mesure de la vie intacte.
Méditant au-dessus des sables,

Vers les astres en domicile,
L'Osiris N passant le seuil
A pas chassés du trompe-l'œil
L'évite en biais, se faufile.

Et tel un point juste où résonne
Des influences invisibles
En retour de ces corps sensibles
Se créent à partir de personne,

Gravité d'harmonies cosmiques,
Répercutées entre les pans,
Voie secrète à travers les plans,
Les formes, des miroirs physiques.

## LXVII.
## Le Grand Séparateur

Afin que le fils contre
Pan élevé se montre,
A l'image, inversée,
Du Grand Père. Enlevée,

Nuit de l'étoile occulte
Que son obscurité,
Par contraste isolé,
Révèle. Or qu'il exulte

D'un astre la semence
Qu'influence invisible
Aimante, alevins, danse,
Et, flamme indivisible

Qui s'épandant recouvre
Cependant qu'ils s'égarent,
De leurs flammèches rouvre
Les flots qui se séparent,

Du serpent chevauchant,
Vague sinusoïde,
Le dernier qui le guide,
Sombre Léviathan.

Et plus profond il plonge,
Plus précieux le trésor,
Quand triomphant tout ressort,
Glorieux comme en un songe !

Si le monstre marin,
Ainsi qu'une fontaine
De son venin de haine
Eructant le crachin,

Dont la gueule abyssale
Entre sa grille écume,
Magma qui se consume,
Tait sa grotte infernale.

## LXVIII.
### Rébouêl

Les formes, primordial chaos mouvant,
Invisibles de l'obscur océan,
A la Lumière d'un ciel boréal,
Comme un lion remontent, bestial
Ondoiement de sa crinière embrasée.
L'anime, au bélier, basilic fatal,
Le mouvement sans fin de l'ourobore.
Mère abhorrée de cornes hérissée,
Sous l'œil du clair soleil qui le colore,
Le Dragon enfante, immonde pléthore,
La beauté du monde décapitée.

## LXIX.
### Le Ciseau

L'homme d'argile rouge a pris chair au jour triste
De Vénus, déesse de l'amour masochiste,
Tel pour qu'un singe à mort piétine sa marelle !
A la croisée des chemins, pauvre maquerelle,
Le guette en chien noir, signe, un diable au dépourvu.
Loin, nuée de mouches soudain, esquisses à nu !
Et de ce coin dans l'ombre, où sa milice fouille,
Sous la peau lisse du cadavre, en vers il grouille.

## LXX.
## L'Homme-sécateur

Pur pythien, Platon
Rive à la Raison
Son Léthé furieux.
Levant pour qu'il l'aime
Son froc : frissons blêmes !
Sous coupe d'un vieux,
L'innocent qui sème
Brûle ses poèmes !

## LXXI.
## Astarté

Sous le signe étoilé de la Mère des Larmes
Parlant d'une origine en araignée de serge,
Archétype noir d'un valet de pique en armes,
L'Homme des Pluies se confond par la forêt vierge.

La belle Aphrodite, au léger strabisme,
Révèle en ajustant l'arc du réel
De sa complexité le mimétisme.

Représentation du Chaos universel.

## LXXII.
## La Part des Anges

J'envoie comme un petit nuage parfumé
Sur toi, mon sentiment lointain qui se dilue.
Avec force, il progresse et sans fin continue
Comme un printemps qui se meurt dans l'air de l'été.
Peu à peu vient le jour trop chaud. L'oiseau se tait,
Trop tôt sans doute, et s'en va quand l'orage tonne.
Depuis le début, sans mensonge, c'est un fait :
Ce songe évaporé n'est écrit pour personne !

## LXXIII.
## La Vocation de l'Epée

Me sens-je un grognard qui s'est perdu sur la route,
Sans jamais arriver aux crimes glorieux !
Traînant sur la neige sanglante un goitre vieux,
Le cheval qui l'emporte, en vain raclant sa croute,

Fonce en creusant par terre un chemin troglodyte.
Et pourtant, rêvant à sa castagne maudite,
Le grenadier s'embourbe en claquant des dents.
Et fond, Quijote oublié, sur ses propres flancs.

## LXXIV.
## L'Objectif

Traînant sa patte brisée, le rongeur souffrant
Du labyrinthe en fuite arrive au croisement.
En d'interminables couloirs les diagonales,
De cet angle secret enclenchant les fractales
D'un mécanisme huilé de gonds inconséquents,
Son œil perce les faux-plats de plafonds mouvants.
Par un jeu de reflets en spirale infinie,
Se répand du réel construit l'épidémie.
Quand, au fond du regard éperdument obscur
D'Apollon, l'huis décuplé se heurte à un mur,
Luit en lui-même, enluminé, parmi les glaces
La splendeur immaculée de ses langueurs lasses.

## LXXV.
## La Vue claire

Connexions sans fin d'un invisible réseau,
D'un *nystagmus retractorius* où rétrécissent
Ses yeux plissés vers l'intérieur de son cerveau,
En une introspection amnésique, surgissent,

De fils qui le capturent en leur chrysalide,
Les chimères oubliées d'anciens grimoires.
Démence inhibée, or, des mystères du vide,
Comtes des Enfers, Démons de sombres histoires,

Figures du Tarot, griffons, follets et gnomes
Se déplacent à travers des plans les espaces.
Parcourant ces enchevêtrements de rhizomes
Comme une forêt vierge, ouvrant du fort les places,

Que vit Lewis Caroll rêvant de la Reine Rouge,
Et les druides en transe, et le vieux Sibérien,
Au son de leurs chants graves transportés si loin !
Quand tout est trop calme et dans l'horizon rien bouge.

## LXXVI.
## Etre sympathique

Recevoir sa violence, n'est-ce pas,
Semblant un regret sonné dans le glas,
Nostalgie du divin dont l'écho reste sourd,

De l'anéantissement l'effort reflété ?
La réceptionnant, nourrisson, l'atténuer,
La ralentir ainsi qu'un pendule trop lourd !

## LXXVII.
### La Terre creuse

Dresse-toi vanité d'esclavages terriens,
Sous le souffle apaisé des rivages anciens.
La vermine fleurit sur la coque ovoïde
Jusqu'à ce qu'elle en ait parcouru tout le vide
Dont la forme résonne en sa conque à travers,
Sonde aveugle, les noirs calculs de l'Univers.
Le monument affaissé des pierres sonnantes,
Semblant ces sphères d'Oamaru crues vibrantes,
S'écroule, en poudre, à l'esprit, des races fières !
De mille racines aux terreuses poussières,
Retraite, évaporée des rameaux sous les dais,
De Milesius aux souterrains irlandais.

## LXXVIII.
### Elégie égyptienne

Comme en le flanc d'Hathor, d'Horus douce demeure,
Je voudrais battre tel un faucon dans ton sein
Pour qu'il se gonfle au rythme ému auquel je meure.
L'inspirant, toujours retenus, de soupirs plein,
Il s'élève à se rompre et d'émoi se dilate,
Aspire où du fond de moi son extase éclate.
Ainsi sommes-nous liés par l'excès sublime,
Réciproquement, de cette mise en abyme.

## LXIX.
## L'Ephémère

Aux grésils papillotant, petite orgueilleuse,
De ses cils, mon cœur errant d'un coup s'électrise
Telle une éphémère enflammée qui tombe, creuse.
Son âme s'évapore, emportée par la brise
Chuintée en volute insaisissable qui danse,
Embrasant l'esprit de mes sens, larmes d'hysope,
Se dissipe, or que soudain comme une enveloppe
Chiffonnée retombe en noir paquet sa substance.

## LXXX.
## Fais ce que vouldras

Regardant l'avenir, on peut vraiment y être,
Tel Saint Jean vu par l'ange aux jambes enflammées !
Ainsi, le suiveur du chemin d'un vieil ancêtre
Va par un temple aux cours intérieures damées.
D'une porte en œil gardant le seuil à rebours,
Sur un tapis volant, l'enfant roule en arrière
Avançant pour le fuir au valet stationnaire,
Et contemple, aïeul vexé, ses propres retours.

## LXXXI.
## Ma Grotte glauque

Du creux d'une caverne qu'un ruisseau traverse,
Où d'amertume en flots souvent mon oubli verse,
Me regardent des yeux verts, de tout là-bas, chien
Noir au fond de l'obscure humidité. Le mien !
Un timide abois du bout de la galerie
Résonne jusqu'à moi, en ces lieux me convie.
La voûte basse en fausset goutte au sombre sol,
Huileux d'os oubliés, transis dans ce formol.

## LXXXII.
## La Clef de l'Ankh

En parlant un langage où, clair, plus rien ne ment,
L'adversité se réalise ultimement.
Et en ayant atteint son but originel,
Par le destin secret d'un contour criminel,
Le Mal parvient à l'état pur de vérité.
Alors, le serpent se referme, en clef bouclé.

## LXXXIII.
## La Queste

A chaque siècle la quête arrive en question
Par le cycle infini de l'interrogation.
Fleurissant en son centre en un flux magnétique,
Se décante sans fin des réincarnations
D'une geste ombre éclair nourrie de rebellions,
Recomposé selon un calcul hermétique,
Retournant à l'origine, un flot concentrique.

## LXXXIV.
## Le Secret

De la perfection l'harmonie tait l'anacrouse.
Telle une grille imprimée, musique andalouse,
Rouge et noire à travers mes doigts comme aux barreaux
D'une cage, je tonne aux vapeurs de ces maux !
Au sommet d'un python rocheux perçant le ciel
Comme au Puy-en-Velay, hydre de Michaël
S'enroulant à la lance de l'Archange, où veille
De sirènes le couple au volcan qui sommeille,
S'ouvrent des ogives cachées entre le monde
Ainsi qu'aux Pôles sans fond d'une Terre ronde.

## LXXXV.
### Testuam septem cornue decem

Marchepied reproduit en le temple onirique
Qu'orne, Archange déchu, le Dragon autophage,
L'arc se redresse en croissant de lune inversé
Semblé de ce phénomène un flux mesmérique.
Et se retourne en négatif de son image
L'excroissance ramifiée de son cou blessé !
Initié par la souffrance, ancien Serpent
Qui, double en le caducée de Thot en Tau plié,
Tempérance abreuvée soudain se renversant,
Resplendissant éclair que, lumineuse aura,
Réconcilie en un huit démultiplié,
Ouroboros cosmique, en son cœur Sananda.

## LXXXVI.
### Les Saints Innocents

C'est soir de lune noire, où les jeunes garçons
En des rêves érotiques sont visités,
Par les roux rideaux de ses longs cheveux bouclés
-Ah ! que le sommeil est doux aux gentils poupons…-
Recouverts. D'inconnues leurs fantasmes hantés,
A Lilith s'accouplant, par elle chevauchés,
S'endorment sur le dos, enfantant des démons.

## LXXXVII.
### Réalisation

Des pensées par un ancien Verseau déversé
Au fil des cycles où se régénère un mythe,
Renaît le Poisson, qui apprend à respirer !
Au commencement enfoncée par un bélier,
La porte cède à nouveau que traverse vite
Le serpent fugitif qui, spirale apparente,
Boucle en la menant à son terme, une Idée lente.

## LXXXVIII.
### Mathématique

Le souffle de la vie en structure chimique,
Esprit de formes qui se déploie, chimérique,
Traverse un canevas variablement palpable.
Le prisme involué de ce seul grain de sable
En couleurs infinies se décline, improbable
Rayon d’énergie répercuté en lasers,
Par les autres chemins de possibles ouverts,
Lueur cachée de la conséquence divine
De voies poussées pour parvenir à l’origine.

## LXXXIX.
## Capture-moi !

Telle une fée lançant un charme végétal
Par les liserons de ses bras, qui le soulève,
Recouvrant l'adorateur de ton piédestal
D'un réseau diaphane en pâles verdeurs ému,
Ensorcèle mon cœur pénétré de sa sève !
Dans l'étreinte d'un fusionnel enlacement,
En ce halo, j'eus lié ma lueur. Confondu
Parmi leurs entrelacs, se noyer doucement.

## XC.
## Pèlerinage

Dans une sylve d'eucalyptus égaré,
Le Mat chemine oubliant un vieux baluchon.
Soudain il s'immobilise, en son hululé,
Effrayant les loups, fait tournoyer son bourdon.
Le soleil pleut des sanglots de la vierge pleine,
Dont se reflète à la lune obscurcie la peine.
Occultant, subtilisé, l'argent de la Reine,
Sous sa robe étoilée, cependant qu'elle souffre,
S'élèvent à l'orient des vapeurs de soufre.
Larme de plomb tombée, demi-cœur de Saturne,
Descend l'esprit dans la fontanelle, en cette urne
Réhumectant l'œil de la glande pinéale.
Et le grain sous la houe de sa conque fractale.

## XCI.
## Constellations chtoniennes

Florilège souterrain de solanacées,
Clartés de Sélène en secret enracinées,
Leur corolle aux pulsations phosphorescentes,
Ornant les cavités vibre aux cieux attenantes.
Le Zodiaque encerclé de petits animaux,
Creuset où se noie l'or d'un feu primordial,

Relié en tous sens, serpent conjectural,
Bouillonne et se condense en l'air noir de métaux.
Ravivé au cœur du patron d'un cube en croix,
Le reptile ancien revient et croît d'espérance
Sans que sa queue brûlant la gueule avide atteigne.
Parcours sinueux à la voûte en cocon de noix,

Du Cosmos, fugitif, se rejoint par son anse
Le désir, sournoisement, à moins qu'il ne feigne !
Quand le dragon cornu, telle une arête ailée,
De l'épicentre ajusté de la pyramide
Ainsi qu'une spirale où se love une ride,
Déploie l'essor renaissant de son hypogée.

## XCII.
## Le Mat

Quand des songes affleure à la réalité
L'allégorie ; personnages, fort stylisé,
Divinités, oubliés d'un peuple lointain,
Une gravure alchimique, prend vie soudain.
Et sur les sols en damiers d'un temple de briques,
Se jouent des Triomphes les formes géométriques.
Mais, dans ce labyrinthe où rode un lion vert,
Sous la pluie, danse un fou d'échecs à ciel ouvert
Qui dans sa fuite d'entre aucun instant ne croise
Son vis-à-vis sur l'autre couleur, qui le toise.
Car dans le reflet de son regard oppressant
L'écart la rigueur du dissemblable pressent.

## XCIII.
## Génération

Un être imaginant le monde en fait partie.
Et si c'est lui qui le construit, il en est né.
Ainsi, vers l'intérieur médite le génie
Qui lévite en le cœur de toute éternité.

## XCIV.

Nigra sum sed formosa

Réceptacle de pierre aux larmes des lointains,
Flottant telles rosées d'argent dans les matins,
Entrouvre le creuset souverain de ce globe.
Secret dans le silence, entends qui se dérobe
Le contemplateur du ciel que tend l'espérance
Relié comme par un fil malgré la distance.
Astre obscur, caché à la lueur née des jours,
Nœud d'un songe occulte au lien tu lies tes détours.
La clarté d'une vision d'or vrai m'obscurcit,
Tant proche en cette mémoire il s'est embruni.
Ton haleine m'emprisonne, enfer narcotique !
O *bella donna*, en ces cordes, pathétique,
Qui jouent à mon esprit, insufflant de sa gloire,
La beauté empoisonnée d'une rose noire.

## XCV.
### Un cadre à deux onces

Queue de Poissons retournée, du premier Avril
En la gueule du Bélier, ce serpent du Nil,
Sous le signe d'un vendredi, très justement !
Salue Aphrodite aux portes du Jugement.
Tout y chante un mystère au chaos immanent
Que rectifie l'implosion d'un jour imminent.
Le cycle neuf par hasard en neuf s'additionne
Comme un kaléidoscope que l'air visionne.
Mais cette fois, bientôt, la boucle est achevée,
Et le Serpentaire en son ère entre, et voilée
La lumière se révèle en le crépuscule
De la Dame Rouge, et de Lucifer recule
Devant l'obscure vision qui se réfugie
Des êtres lucifuges en l'ombre tapie.

## XCVI.

### Occulus omnipotens

La matérialisation du cœur d'un tissage
En pentacles mis en abyme à l'infini,
Symbole littéral d'un carreau mercuriel,
Valet trop prévenant, semble barrer passage.
De ce travail d'araignée, le fils diverti,
Tirant de son arbalète à travers le ciel,
Franchit le pas et retombe au centre où le puits
De la tour rejoint du milieu le même point.
Mais le danseur trapu se tasse en hypostase,
Distorsion sifflée tels d'innombrables cris
D'un son grave abaissés, adossé dans ce coin,
Vibrant comme un scarabée boiteux qui s'écrase.
Pour qui saura voir sous sa paupière en les nuits
De l'écran de son front l'origine aussi loin.

## XCVII.
## Qui es-tu ?

Si adorablement pleine de grâce tendre,
Du fond de ce regard aux teintes incertaines,
Je crains toujours que tu ne sois une *meïga* !
Comme celles aux pêcheurs venus les attendre
Lançant les filets, les enchaînant à leurs peines,
De sorts, courant tourbillonnant, fous la *ría*
Traversant étreints à d'invisibles entraves
Dans la brume où s'échouent d'ancestrales épaves,
Plus doux que ce reflet gris-pâle en tes prunelles
Qui me jette avec joie aux flammes éternelles !

## XCVIII.
## Etre toujours

Le cheminement seul des objectifs ultimes
Est en soi le but final des quêtes sublimes.
Essaie tout écart semblant contraire à la voie,
Car c'est le plus long détour vers laquelle il ploie !
Terre creuse en feu d'artifice girant crisse,
Pression libérée d'espérances avortées,
Le renouvellement des continents, qui glisse.
Cependant que là-haut, dans l'air des empyrées,
Plus pur que l'écho dans les chtoniennes vapeurs
Se réalisent, s'élevant des profondeurs,
De leurs desseins les conséquences clarifiées.

## XCIX.
## Frictions

1.

Dans le sombre secret de baldaquins de bois
Coulissant comme le couvercle d'un cercueil,
Ignorant de Furfur marchant tel un chevreuil
Bipède aux ailes de vampire, errent d'effrois
Les ombres. Il fait soudain très froid. Dans un vide,
Tout près, à l'angle du couloir, il est présent.
Inspiré, le dormeur, dans le noir, le pressent,
Qui insuffle à son oreille un désir torride.

2.

Contre le mur crispé, à l'angle du plafond,
Son murmure dans le silence agrippé fond.
Traumatisme éclos en crissante créature,
Contraire à son revers qui d'être se torture !
Dispense en induction la vivante chaleur
Née de la concentration d'un froid intérieur.
Mais la vieille araignée veille, en mauvais présage,
Dans une bande d'ombre entrevue au passage.

## C.
## La Troisième Prophétie

« Je sais qui tu es et de quel lieu tu es sorti. »
*Evangile de Judas*

Mer de flammes née de ces corps de bronze eux-mêmes
Qui nagent parmi de damnés l'ardente aura,
Mêlant leurs cris à ceux de chimères monstrueuses,
Se répand le mimétisme d'un cœur, qui sèmes
La Lumière par ta main d'or, ô Fatima !
La Mère en majesté, des légions bienheureuses
Versant un sang martyr d'arrosoirs de cristal,
Lévitée de l'Ogdoade attendant l'hymen,
Vierge noire, en négatif, tend vers elle un doigt.
L'Ange exterminateur dont le glaive martial
Flamboie dans l'aube embrasée du jardin d'Eden,
Rappelant le principe infini de la Loi,
Ainsi qu'en la Douat des anciens Egyptiens,
Aux quatre vents soufflés par la tierce porte,
Révèle le secret perdu d'une hydre morte,
Après mille ans passés libérée de ses liens,
Remontée des temps en un rêve énigmatique
Du Royaume inconnu où la vision pythique
D'un lion émergé d'un lagon primitif
Comme un dragon renaît de son reflet captif.

# Egarement tiers
# et retour au Cœur de la Lune septième

## CI.
### Tradition primordiale

Par les hauteurs couronnées des cornes d'Hermès,
Monte du pied de la croix au feu du bélier
Des chaînes plombées de Saturne libéré,
Par Vénus enlacée émergé de l'Hadès,
Au fond de ce creuset dévié, son reflet.
Comme en une boite aux miroirs intérieurs,
Combustion dansant de ce mirage incomplet,
Dans le noir, se réjouit l'argent vif de ses pleurs.
Hologramme construit de son écho lui-même,
Avant de Sephiroth déployer la spirale,
Le dragon d'Œttir, pour la rencontre nuptiale,
Retourne au cœur nouveau de la lune septième.

## CII.
## L'Œuvre par le Noir

D'un sperme urgent putréfié où des mouches nagent,
Bélial s'incarne en fils de parfaite matière.
Grand démiurge, Ba'al est appelé mystère.
La liberté par la connaissance partagent,
Tant Prométhée Méphistophélès accompagne.
Jusqu'à ce qu'en croix l'ouroboros se rejoigne.

## CIII.
## Flamenco

Malgré des flammes les ondoiements séducteurs,
Femmes rouges et noires aux jeunes vigueurs,
Des jeûnes l'appel retentit, puis il se tait.
S'amassant qui pelle, de voluptés complet,
Le cœur las, de ces amusements se complaît.
Car il était blessé : s'en souvient-il encor ?
Nain chevauchant un chevreuil en sonnant du cor !
Le serpent mue, appel d'une voix en fausset
Comme un brâme lancé dans la vallée cent fois
De l'assouvissement de cette mort sans voix.
Puis vient le prédateur, le cruel des levrettes,
Pour dégoûter de l'amour les fleurs les plus prêtes
Qui s'évanouissent en sécheresses, d'un coup
Eveillées en mille pleurs par le cri du loup.
Encor, hélas ! ma chair, il n'est pas temps, meurs-toi,
Avec pour seul écho s'affaissant, seul, le toit,
Qui brûle d'un feu clair que tu ne sais saisir
Cependant qu'elle prend de ce savant plaisir.

## CIV.
## Necropolis

Rappelée au détour narcotique,
La rumeur de l'abeille, elliptique
Se désaxe en cette source sûre.
D'un pistil ballottant qui susurre
Frappant le dur organe en frisson,
Reproduisant dans l'or d'un frison
Sa tâche en langage vain s'affaire.
Science à jamais perdue d'un mystère
Au miel s'attachant comme un espoir,
Pour de sa faim la fin, enfin, voir.

## CV.
## Le Sourire d'un enfant

Le sourire comblé d'un enfant, c'est la joie
Sans borne. Une innocence enivrée qui se noie
Dans le bonheur dont la bulle écumant déborde
En un monde bleu-ciel quand sa mère le borde.
Le sourire d'un enfant, l'heureuse affection,
L'explosion reniée de quelque autre passion.
C'est aussi, manquant d'éducation, cruel
L'ardeur que ne saurait égaler un bordel
Pour inventer l'horreur ; un futur Archimède !
Si le miroir de son milieu mieux encor l'aide.
Puis enfin, cauchemars inspirés, sans limite,
Sous le regard sanglant de l'amour qui l'habite,
Dévorant le visage à quelque autre angelot,
Il fait sonner dans son vieux couffin son grelot.

## CVI.
## Conjonctions

Afin que la perfection soit pleinement,
Il fallut que l'Abominable eût accompli
Son œuvre, ainsi qu'un python la Terre couvant
Du feu de son athanor. Or, phœnix blotti,
Se déploierait l'aurore embrasée au grand vent !
Courant qu'une main gauche, adroite, au vol saisit,
Voyez-la sur l'éclair qui se crispe en tremblant !
Dans l'or vacillant, soir spirite, à la bougie
Luisant sous l'ogive en la crypte d'un couvent,
A ce souffle on faisait grêler, par nuit d'orgie !

## CVII.
## La Vieille de la Mer

D'Ægypans sacrés au bord des sylves d'Egée
Qu'en des lueurs argentées, nues sur l'onde lisse,
Célébraient en secret des vierges, complice,
Tricotant comme une araignée, la femme âgée,
Un peu tannée par un vieux soleil, se souvient.
«C'était (elle déraille !) avant, bien loin avant…

Qu’outre allant par le sud Ménélas vînt du Nord.
Serpent de mer s’en va dans l’écume et revient.
Veux-je dire, en premier, transportés par le vent,
Plus long que mes blancs cheveux d’un subtil accord. »
-Quant aux fiancées de la nuit, fleurs de magies ?
Chantant aux brumes bleues d’étranges élégies,

A la pleine lune, en une crique atlantique
Que parfume un bosquet d’eucalyptus, tragique,
On les voit encor, irisant leur peau diaphane,
Comme aux griffes des vieillards de Piola, Suzanne.-
Puis, l’enfant se tait, pythie à faire pitié.
Raisonnablement fou qui la croit à moitié.

## CVIII.
## Le Satyre

Dans le demi-jour vert bleuté du crépuscule,
A travers les feuillages tel un vitrail blanc
Poudré d'argent de lune en l'azur qu'il macule,
Dont l'air décanté semble vibrer gravement,
Vient à pas lents, comme un cheval sur les brindilles,
D'amble semblé, l'impression d'un titubement.
Barbu couronné de ces pampres par les vrilles,
D'une vigne sauvage, un visage apparaît.
-Aux entrailles de la sylve, un serpent tardif,
Par les entraves file en un éclair passif.-
Il erre parfois des esprits de la forêt…
On vit aussi des crétins, des nains, des alpages
Descendre et demeurer, jadis, dans les villages !

## CIX.
## Atbash

Au bélier femelle en marteau de corne assis,
Enlacés, corps global, deux serpent ennemis
Se baisent au sommet réuni de ses ailes.
Ecumant, Sophia bénit les lunes entre elles.
C’est du sceptre royal le flamboyant rubis,
Que la pierre du Graal ! Le joyau semblant vert
Reçoit la sanglante lueur d’un philtre amer,
Fermenté, toujours plus intérieurement creux,
Qu’humant le bouc renverse en ses bois lumineux.

## CX.
## Perdition

Par son propre sentier va, druidesse farouche,
La passion toute à elle-même. Appel unique !
La conciliation, avec un regard louche,
Rampe dans la poussière et se noue, se complique.
Prophétesse d’Hathor, majestueusement,
La vierge triomphante le foule au talon !
Sous ses assauts subtils qui ne mentent jamais,
De toutes ses raisons piétinées s’avançant,
Bientôt viendra mourir, emporté, l’étalon
Que la fée envenime en des rites secrets,
Ainsi que Mélusine instillant ce pistil
Frémissant d’agonie en un spasme viril.

## CXI.
## Les Festins de la Pyramide

Est-ce un temple, un palais, un somptueux tombeau
Où se recoupe un escalier géométrique
Agencé par les crans, mécanisme ironique,
Infiniment ancien, en potentiel nouveau,

D'un jeu débuté pour l'inexorable échec !
Sur ce dallage en rouge et noir sans fin s'encastre
Sous une pluie tropicale étrangement sec,
De ce Mat supplémentaire évoquant son astre

La logique inconnue qui gagne à tous les coups.
En veuve pourpre accueillant de tissages mous,
Pente acculant, bordée de rectangles bleutés,

La Mère des Soupirs l'arque en son aquarium
Quand telles des ombres des nuits de solanum,
Un rêveur s'égare en ses mornes voluptés.

## CXII.
## Les Rebelles

Bâtards des dieux, en écart du projet bouclé,
Comme un corps nu fortifié par ses vermines !
Véritables vecteurs, pasteurs de vitamines.
Héros d'un mythe à l'échec sans fin sacrifié,
Héraklès ami de l'Hydre oublie d'être là.
*Dasein*, ainsi que dit le philosophe esthète,
Leur devenir, par le dessein de son éclat,
Rend le détour semblable, orgueil d'anachorète,
Au principe éternel qui se démultiplie
Et comme un nouveau monde en bulle se replie,
Ainsi d'une spirale aux ramifications
En microcosme aux capitules en bourgeons,
La finitude par son contraire accomplie.

## CXIII.
## La Porte intérieure

Maint coquillard parmi ces labyrinthes parthes
Perd, pour visiter de la Terre le miroir,
Son souffle pénétrant par un château de cartes
En les fantasmagories de Pierre le Noir.
Mais, là-haut, l'Idéal, tel un Phœnix qui veille
Au feu que couve en ses entrailles chtoniennes
Un vent nouveau dont mûrit la pierre vermeille,
Fait s'accoupler en vain des vipères lesbiennes.
Et, désir langoureux de l'inutilité,
L'embrassement de l'âme étreint son unité.

## CXIV.
## Opera Rotas

Révélant un secret dévoilé par la ruse,
Où pleut sa verge en l'année d'une Vierge en Gloire,
Le babouin sous un ciel vert et violet s'amuse.
La rose au fond du cube de la Pierre Noire,
Corps astral précipité du Cosmos énorme,
Déplie en éclosant un patron cruciforme

Où, symboles d'Hermès, se répond en fractale,
Convergeant par un cycle à sa lune cordiale,
Son pentacle reproduit par le Nombre d'Or.
Bras de Pan que parcourt le Serpent qui se mord
Pour en développer toute la casuistique :
Baphomet de la Monade hiéroglyphique,

Se construit de son feu par le Bélier, Mercure
Dont le diadème jaillit de cette figure.
Et dans le calice ardent de son front nocturne,
Flottant ainsi que soulevée de flamme l'urne,
Tel dans un creuset, fond la substance broyée,
Résolvant l'Univers, homogénéisée.

## CXV.
## Emois

Seul trouvera le Temple ancien qui se perdra.
Lilith hulule en l'île d'Aeaea ;
La laiteuse Circé, d'elle, aux boucles graciles,
Tel un oiseau de proie reprend des airs fébriles.
Quand d'un bruissement d'ailes d'Hermès, le servi
Contemple, grâce à la plante appelée *moly*,
Qui perce sous la neige, un secret silencieux
Que toutes les raisons avouées plus précieux.

## CXVI.
### Le Jumeau d'Ishtar

Condensé de la brume en humain chêne-liège,
Tel hurlant aux mille couleurs un florilège
Kronos craquant de son écorce vénérienne,
Sans cesse empêtré de végétation malsaine,
Père ukrainien sinueusement d'Astarté
Entrelacé en l'astre portant la clarté,
Grimace avec ses crocs effilés d'antimoine.
De longs doigts crochus projetant, comme un vieux moine,
Les sarments sans fin que respire son thorax,
Aux grands yeux naïfs, où se perche Abracax,
Le démiurge envahit tout de fins liserons
Dont parmi les vaisseaux bruns se jouent des griffons
Semblant les oiselets d'un nocturne printemps.
Cependant, s'accroche aux branchages frétillants,
Agrippée au tronc comme une chouette lascive,
Sous le signe de Saturne ; babillant la grive,
Défiant les immortels d'un guerrier défenseur,
Sang du dragon ; Vénus inconnue qui se meurt.

## CXVII.
### Les Ames atrophiées

D'enchevêtrements, douceurs d'évaporation,
En des forêts de chair par l'extase enchantées
Où expirent sans bruit les âmes atrophiées,
Le cœur vivant qu'habite l'imagination

Gît pour qu'y repose la fée de l'illusion.
Dans un élan de pulsations désespérées,
Ce lys luit battant de ses ailes mutilées
Et, voulant l'étreindre, aspire à la fusion.

Car le désir inassouvi de l'Idéal,
Par la sublimation d'un destin fatal
Semblable en sa nature à un ange déchu,

Embrassant toujours les nuées de l'impossible,
Brasse vers l'intérieur tel d'un rubis nu
Les lueurs nimbées d'un mirage inaccessible.

## CXVIII.
## Rumeur de Prague

Du membraneux battement d'un vent magnétique,
Gargouille semblée parmi les statues noircies
Sur le Pont Charles dans le soir jaune, évadée
Des arcs obscurément d'une porte gothique
D'un maître atelier des anciennes magies,
Que domine son allégorie couronnée
Aux légendes peuplées de lions, mancies dévotes,
Qui entrent et ressortent de petites grottes,
D'initiales cryptées, en geôle minuscule,
De suppliciés en leur piédestal encastré,
Un courant d'air circule avant de s'engouffrer.
L'air placide, un Turc fait osciller la férule
Que, d'un regard énigmatique, il dissimule.
D'un interstice autre entre la réalité,
Glissé par l'angle de la bourrasque propice
Effleurant d'un plongeon sur l'eau le précipice,
Le grand démon, soudain enlève un nouveau-né
A l'éternelle gestation condamné.

## CXIX.
## Phasmes

Liquoreuse harmonie de la sylve spongieuse
Que des menthes d'eau l'essence humectée anise,
Ses rameaux craquelant de mante religieuse,
S'écarte en grinçant le râle de sa hantise.
Dans le mouvement végétal imperceptible,
S'accomplit cette chaotique synergie
Comme un programme à l'origine indivisible
Où s'exprime des éléments la sympathie.
Verdeurs d'un mandala où s'abîme le temps,
S'édifient par leur conséquence les avants.

## CXX.
## Omniscience

Cour mauresque émaillée d'ivoire et de bleu nuit,
Superposant les différents reflets des cieux,
Plus finement, une fontaine en marbre luit,
Centre de ce Stonehenge aux minéraux précieux
D'un péristyle concentrique au saint-des-saints,
De Pandore explorant la forme des écrins.
Dans le bassin, un trouble blanchâtre circule
Semblant régénérer l'écho de l'édifice.
Tremblant, qui se penche et la mouvante matrice
Contemple meurt frappé d'embolie incrédule.
Car buvant à de son image l'infini,
Par cette finitude insondable ébloui,
Initié au mystère sans complexité,
Se dissout, trop rare individualité.

## CXXI.
## Bilocation chamanique

En une soudaine ébullition ventriloque,
Prémice à la bilocation, le ru se moque
Gazouillant entre la pierraille ainsi qu'un pleur.
Salamandre écumée de la bouche entrouverte,
Au pied d'un arbuste au chèvrefeuille embrasé,
Du trop confiant et juste oublieux dormeur,
Un double inconnu à son oreille disserte.
Verte métamorphose, en cette ubiquité,
Labourera dans la nuit l'œuvre du semeur
Les gestes inconscients du travail familier.

## CXXII.
## Kimaris

1.

Galant cavalier sur son beau palefroi noir,
Le prince des esprits de la multiple Afrique
Varie sa forme ainsi que de lumière obscure.
Prodiguant ses joyaux de sang un riche soir,
Maître sans mots des trois Arts de la Rhétorique,
Son sceau paraît semblable à sa noble monture ;
Avec cette élégance à l'aisance sans borne,
Au tiers décan nocturne du Capricorne,
La cime dévalant sur un hameau en liesse
Quand s'édifie son château, sphinx d'une ligresse.

## 2.
## Le Détournement de Gusoyn

Avec la perverse en sa chevelure immonde,
Converse, docte, en copte, un chameau philosophe :
«-Il faut venir ! –Oui ? –Mais où ? », l'amy l'apostrophe,
Et capte l'attention fascinée comme une onde.
Kimaris se lève à l'occident nébuleux
Et son astre nimbé, mordoré d'essaims bleus,
Resplendit, scintillant tel un ange d'éclair !
Frappé par l'angle ardent d'un coup, vivifiant fer,
Réduisant la vitesse de la lumière,
Accrochée tel l'amour gluante à la frontière
L'accole, divin œuf au détail près éclot
Hors d'un orbe en figurant l'écart du zéro.

## CXXIII.
## La Momie de la Tourbière

Parmi l’entrelacement noueux des racines
Des vieux aulnes dont ploient à fleur de l’eau les rames
Chargées de lianes terrestres fleuries d’ondines,
Baigné de murmures où circulent des âmes
Au vert scintillement des lucioles, lanterne
Tressée de lierre, aux nuits d’été son corps hiberne.
De la tourbière étendu sous la surface,
Les yeux clos, contemplant l’invisible, face
Au ciel, le druide rêve en la sphaigne, momie
Prolongeant le songe, à l’infini, de la vie
Vers des contrées dont seul l’enfant connaît le nom.
Sommeil méditatif, jusqu’à la conjonction,
Dans un rouge éclair, où la tribu, sa famille,
Viendra l’extirper, lueur d’un flambeau qui vacille.

## CXXIV.

### Orée sauvage

Se faufile en caverne taillée primitive
En ces lieux cachés, mystérieuse, une fenêtre
Où par la niche d'un *loculus* on pénètre
En une cité de l'Atlante fugitive.
Par les galeries oubliées de souterrains,
La vue cheminerait, toujours plus anciens,
Vers les fleuves sereins de palais cristallins.
Et sur l'arête, impossible illusion d'optique,
Bascule, originel secret géométrique,
Toute raison qui doit refonder sa logique.
Chaos paternel mêlant les complémentaires,
Rouge et noir, sang et putréfaction, faux-frères,
Changeant de genre et s'accouplant à ces vipères,
A l'un et l'une s'unit le bouc des mystères.

# Le Quart-Egarement ou la Catharsis

## CXXV.
## Parmi les Morts

Manifeste politique

Après la dictature incultiste haïssant
Pensée, noblesse et savoir, comme par le sang,
Il faudra passer par l'anarchie et les ruines
Pour rétablir la beauté des Arts de naguère !
Repasser à jamais par les veines divines
De l'apprentissage aliénant de la guerre ;
Epuiser son âme, alors qu'il serait drastique
De prendre un bon matérialiste hébété
Pour accomplir d'orgueil la tâche domestique,
Cependant que l'Aède aspire à la clarté !

## CXXVI.
## La Baraka

Tout à maturité, du troupeau se sépare
L'agneau fortifié aux vignes du Grand Pan.
Et quittant vers de la lumière l'éclat rare
Le père aux cornes, majestueux, se penchant,
Du caprin carnivore, encor, grince la dent
Matérialisé en un soupir foudroyant !
Mais dans le matin, toujours plus curieux, s'en va
Sous son œil furieux cette autre *jettatura*.

## CXXVII.
## La Joie des Montagnes

Sur la grisaille des pics rocailleux d'Iran,
Où l'air est pur comme un gaz bleuté enivrant,
Avec les bergers, sympathique Barmanou,
Danse de joie la créature. Un vieux fou !
Racontent, sans l'oser, les pères de famille,
Cependant que l'enfance insouciante où fourmille
Le troupeau tacheté qui part un peu trop loin
Quand il est lâché, pour y brouter quelque foin
Qui tourne au vent doré, rit aux éclats de voir,
Là-bas, l'ancêtre perpétué se mouvoir.

## CXXVIII.

### Terreurs nocturnes

C’est l’heure où, messagers des dieux, ces corbeaux,
Les trois voleurs vêtus de noir aux grands chapeaux
De Bohème, aux yeux ternis de rougeâtres flammes,
Viennent frapper à la porte des vieilles femmes.
Par l’été suffoquant, les phalènes bourdonnent.
Soudain, les fantômes familiers abandonnent
Les lieux où ils ne dérangeaient personne, et puis
Dans les airs par cette ample chaleur épaissis,
Se déploie dans l’obscurité surnaturelle
La vaste envergure aux micro-ondes d’une aile.
Le matin jaune sourd, et tous dorment encor.
Dehors, il règne comme un silence de mort.

## CXXIX.
## Le Sacrifice de Beltane

Au creux des rochers, où l'énergie est plus stable,
De cristaux violets et d'agrégats de sable
Sont sculptées, semblant des cathédrales gothiques,
Des forêts, des cités, des allées granitiques,
Où circulent les flux de génies invisibles.
Songes animés des éléments insensibles,
Maints elfes égarant les rêveurs sont nichés
Dans les veines minérales aux cavités
Qui luisent à leur passage fugitif.
Cependant que les contemple, méditatif,
L'esprit de la Montagne, derrière ils vont.
L'œil diffus avec un coup de sang les confond,
Dans cet angle, quand se retourne brusquement
La tête ainsi que d'un chamane secouant.

## CXXX.
### Le Labyrinthe à rebours

Les mouvements en apparence incohérents,
Parcourant l'araignée de Nazca, ce dédale,
Ainsi qu'un labyrinthe astral de cathédrale !
Entrent en résonnance avec les autres plans.
L'œil sous le front varie de sa vue la fréquence,
Et tout se révèle d'un monde où s'équilibre,
Comme par un apaisement de sa cadence,
La matière condensée où son âme vibre.

## CXXXI.
### L'Etouffement passionné

Par une crique aux cristaux bleutés, scintillante
Au clair de lune irisant les planctons d'eau douce,
Dans son palais liquide à la voûte tremblante,
Où s'épand alentour sa chevelure rousse
Electrisée parmi des piliers translucides,
La fée végète. Et d'un appel télépathique
Charme dans son sommeil tel un hôte onirique
Le rêveur, l'enlaçant de ses longs bras livides,
Cette Viviane en Circé septentrionale.
Aux blonds flambeaux d'une bulle subaquatique,
Quand goûtant au froid baiser de ses chairs virides,
Le noyé succombe, étouffé au soupir pâle
Hypnotisé par la beauté surnaturelle
Engloutissant son souffle en la nuit éternelle.

## CXXXII.
### Nagarupa

Dans l'abîme inversé de sa constellation
Se reconnaît, d'or verdoyant, le lion

Qui lève son regard vers ce reflet profond.
Fantastique irruption, surgi du labyrinthe,

Le chasseur rencontre enfin l'écho de sa crainte
Et trépasse, en la gueule où l'aquatique enceinte

Débouche, hybride en dragon, le fauve autophage.
Alors, se remémorant tout le détour, sage,

De Sigurd Œil-de-Serpent se rejoint l'image,
De sa pupille à travers l'ogive engouffré,

Et, tête au cœur, saisit Léviathan refermé
Comme un nœud ovoïde, en sa globalité.

## CXXXIII.
### Assis sur une souche

Près d'un bosquet fleuri de noisetiers
Aux aromes secs et printaniers
Rafraîchis de sauge divinatoire,
S'approche, à pas lents, une louve noire.
La tête ballante, elle se retourne
Et d'une herse en feu sa queue enfourne.
Puis, glapissant, vers les denses fourrés
S'enfuit par les écureuils apeurés.

## CXXXIV.
### Acouphènes cabalistiques

« *Rechts ist's schlecht !* », comme dit le proverbe allemand.
Ainsi, celui qui a des oreilles entend
L'insignifiante ironie, non seulement, mais
Par une science avisée, d'imminents méfaits.
Il suffit d'être sourd. Comme quand nous fermons
Nos yeux, pour s'endormir, aux diurnes démons.

## CXXXV.
### Formule subliminale

Ajusté d'un bref éclair de vision sereine,
Rétrogradant au pied d'un temple à degrés,
Escalier pyramidal, se prêtant à rire,
Internes colimaçons gardés par la Reine,
A part tient les deux clefs pour autre usage, entrés
Interdisant l'accès au bastion d'esprits d'ire.
Rebours d'un mantra par l'invisible dictés.

## CXXXVI.
## Luna invicta

Le serpent traçant un arbre séphirotique
Repasse où son cœur s'était creusé au milieu,
Et toujours du réel complexifie le nœud,
Revenant au croisement. Racine cyclique
Qui sera la finalité quand, accomplie,
-A jamais, il renait de la lune obscurcie.-
A chaque fois la fin en soi se détermine,
Démultipliée, devient son origine.

## CXXXVII.
## Le Cheveu de Damoclès

Formation calcaire appesantie, fin, par strates
Déposant dans les opacités écarlates
Comme par du chaos la loi cabalistique,
La vie nourrit son squelette géologique
D'un mont en monde communiquant de ruchettes.
Cascade translucide écoulée de lancettes,
Dans un siphon, telle une forêt de bougies
Prise au souffle de Typhon, gire en spagyries
L'ardeur dorée qui varie ses teintes extrêmes.
En bulle s'englobant par de secrets systèmes,
Un nuage crayeux retombe, sinueux,
Semblant telle une pâte aux globules moelleux,
Dont les nerfs sont la foudre antédiluvienne
Qui plane en une sphère immobile et sereine.
Rosée acérée d'un luisant pyramidion,
Stalactite en épis de faîtage, ou glaçon,
Comme gouttée à un cheveu de Damoclès !
Au-dessus de la grotte où il retombe en S
S'engouffrant par les boyaux sinueux d'un puits
Dans le poudrage obscur des passages blanchis,
La perle du piton, dans un reflux central
Flotte sur le vide en pur lotus de cristal.

## CXXXVIII.
### Matin de mai

Les vents où mugissaient tous les diables des airs
Immobilisés sous un soleil des Enfers
Pleuvent en larmes de plomb sur l'onde où se dore,
Muant ses chairs colore, un python d'Epidaure.
Partout reverdit un réseau d'arbres pervers
Dans l'asthme acidulé des fleurs qui vont éclore.
Du faucon sacrifié, l'esprit porte, où, flots verts,
L'Océan primordial joint sa pourpre à l'aurore,
La vue au-delà des mondes qu'un songe explore.

## CXXXIX.
### Brusquerie

Saisissant de la main gauche un objet soudain,
A l'opposé droit semble gonfler son front plein.
Comme un jeu construisant un arbre en ricochets,
Se détournent invisiblement les crochets
Des vertus sécrétées du corps, comme aux planètes
L'orbe d'un mouvement inverse et noir s'oppose.
Et, relatif, parfois, quand l'esprit se repose,
Son extase entrevoit, influences secrètes,
Les filaments contraires de marionnettes.

## CXL.

### Le Rouleau des Eléments

Saint Brendan, le moine d'Irlande aventureux,
Surnageant des vifs cristaux d'un récif brumeux,
Lorsqu'emporté par l'âpre tempête accosta,
Dessous du couchant vermeil le brûlant éclat,
Aux Amériques, crut qu'il était en enfer.
Dans un bruit de forge tonnant comme l'éclair,
Ce dimanche, à l'écart, Judas prenait le frais.
Et lui racontant de l'alchimie les secrets,
D'une voix grave, en bloc, mais puissante et sereine,
Le savant lui narra sa terrible semaine :
Le lundi, jour baigné par la lune d'argent,
Le voyait crucifié au vent vivifiant,
Sous la férule en feu d'un mugissant tonnerre,
Qui sème labourant, tout un cycle solaire
Sur la Roue de Fortune ! Au mardi de roc brut,
Tel Prométhée à des chaînes de fer, Malkuth !
L'apprenti sur le seuil est mâché par la herse
Qu'arpentera l'indécision qui le perce.
Quand au grand jour d'Hermès, bouillant dans la poix noire,
Puis par une coction d'immonde rôtissoire,
Son esprit s'élève, substance évaporée,
Avant d'en les blancheurs être précipitée,
Errance assourdissante ainsi que le coton !
Et semblant du Phœnix l'éternel embryon
Qui renaît calciné, puis, couvert de blessures,
Retourne à chaque ronde astrale à ses tortures,

L'étoile empourprée du Porteur de Lumière
Enduit ses plaies de sel par un secret mystère
Du parchemin roulé des principes où gire
Les trois couleurs confondues de l'œuvre spagyre
Recomposant son corps, dégradé ondoyant,
Unifié aux lueurs de l'astre flamboyant.

## CXLI.
## Le Temple des Trois Philosophes

Dragon qui nage dans le rocher, Huyen-Khong-Tu,
Comme un temple en sa gueule absorbant les humains,
Autour de son à-pic, du réel dans le flou
Se meut, gargouille invertébrée de mandrins.
Enivré par l'aspic, y rode en moine fou,
Démultiplié, un tragique mandarin
De son mouvement suivant le subtil kung-fu.
Perché, il crie tel le Phœnix sur un vieux pin.

## CXLII.
## Le Regret

Œil d'oiseau reptilien d'une femme égyptienne,
Esthétique du serpent, né de la Géhenne
Eclairant l'existence au jour de son ardeur,
La lumière crée, diable séparateur !
Fatalité d'un essor tragique embrasé
A de ton regard si pareil l'intimité…
De la Roue de Fortune attaché à la tranche
Que fait tourner toute l'année de sa férule
Pour une réduction à jamais non-nulle

Un petit dieu vert accroupi sur une branche,
La tête en bas plongeant, puis exposé au ciel,
Remonté des mers d'un lion dénommé Ariel,
De mon âme, je te veux encercler, tombant
Comme un soleil qui roule. Et fixé dans la terre,
Dissemblable identique en un onze adultère,
M'additionner à ton voisinage. O mon chant,
Tirage sur un manège, nous retournant
Entendant notre écho se résolvant, nous taire !

La Force, en son amour dévorateur, confond,
Entrouvrant de ses mains la gueule du lion,
L'éphèbe au front serti de rayons irradiants.
Perçante auréole en un troisième-œil caché
Y pénétrant, où l'ouroboros est bouclé,
Tel un miroir craintif de ses reflets parents,
Ce python, joint en lui, lui dévore le cœur
Comme en un labyrinthe affolé un rongeur
Qui court de l'autre côté, grignotant le temps !

## CXLIII.
## La Dévotion du Souverain

Paraphrase d'Erich Fromm

S'inquiéter de l'autre à vouloir le connaître,
Piété d'un fou qui ne veut pas encore être !
C'est affolant de voir comment un nom révèle
La personnalité du destin qu'il recèle :
Même cela, sans faille, ajuste le hasard,
Comme un arc-qui-ne-faut qu'il débusque trop tard !
L'illusion d'amour dépend trop rarement
De l'objet. La raison du phantasme rampant.
Spagyrie dans les conflits d'une ample cité,
Désir lumineux de créer à fin, porter
Le flambeau d'une jeunesse au savoir fertile,
Fort et beau comme un feu dans la ruche stérile !
Sagesse de Néron, le philosophe admire
Se consumer spontanément ce surplus d'ire.

## CXLIV.
## La Perte

Dans une mansarde habitée par le hibou
Que d'Artémis embaume encor le divin flou,
Comme d'un puits résonne un gargouillis plaintif
Semblant remonté des entrailles de la terre.
C'est une ondine étrange, recroquevillée,
Fleur de cristal inconnue, au cœur d'un massif
Qui garde larmoyant sous sa voûte un mystère
Que toujours ignorait une intuition charmée.
Fouillons, plongeons vers l'intérieur de nos têtes
Pour y épouser leurs voluptueuses arêtes.
Trouvé, le calice, ou la pierre, ou tous ensemble,
Le Graal n'est que par la quête et dans ce qu'il semble.

## CXLV.
### Sieh'tar-Rosh

Chemin royal jamais parfait, se crée l'ancien
Livre de Toute Connaissance, ô laboureur !
Tout y varie son sens, la forme et la couleur,
Pour toujours y trouver l'universel lien
Niant, tel le magnétisme plaqué sur lui,
L'énergie des mains dessous lesquelles il luit.
Secret d'Orphée, lyre où s'ouvre la voie nuptiale
De pouvoir lire entre les signes du dédale !
Peu importe demain, au chercheur qui chemine,
-Entre ces miroirs s'additionnant, se combine
Le symbole achevé que l'infini cumule
Et dont le cycle expansif jamais ne s'annule.-
Car son demi-savoir, d'arrière avant recule.

## CXLVI.
### Aspiration

Lentement, la mélopée, sa secousse émue
Epuisée, d'un rythme lancinant, s'était tue.
Edentée, la tristesse avait fini de rire,
Rajeunie en douce Mort, pâle créature
Couvrant tout des flots de sa noire chevelure.
Le doigt s'était posé sur le sein de sa lyre.
Et le silence apaisé de la nuit tombante
Résonnait l'appel de sa volupté troublante.

## CXLVII.
## L'Amour de l'Aventure

Marchant bas à travers un ruisseau broussailleux
Souillé par un vieux crâne infesté de faucheux,
Arrachée même, longs serpents d'herbe mouvants,
La mandragore grimpante, vigne à poison,
S'agrippe et s'entortille de ses fins sarments
Egrappés de clochettes vertes. A foison,
Dessous l'air glauque où se multiplie le buisson,
Dans le terreau noir, comme un blanchâtre homoncule,
Patiemment, se nourrit de la putréfaction,
En son ténébreux nid, l'occulte tubercule.
Et des remugles, par de sa mastication,
Semblant nés de la chrysalide d'un suaire,
La bryone de ses deux maisons prolifère,
Ainsi qu'enchevêtrée, la ruine d'une ferme
Quand le chemin derrière à jamais se referme !
Mais dans les frissons de ta verdâtre toison,
Embrassé par cette végétale prison,
Que j'aime me débattre, ô sale enchanteresse
Qui me veux retenir en ta toile traîtresse,
Quand se devineront, au loin sur les massifs,
Dans la pluie de sang de crépuscules tardifs,
Avidement de voir le lointain au désir,
Des contrées d'aventure où me perdre partir.

## CXLVIII.
## Yggdrasil

Ne plus rien vouloir comme fin de l'existence,
Mais accumulant la maximale expérience !
Dragon par dix chemins insinuant sept têtes,
D'un tiers manquant chaque fois la substantifique
Arête s'enroulant en ces neuf croix parfaites.
L'infini fuit l'extrémité de l'origine,
D'une transe de *berserk*, fureur dialectique,
Vers l'ultime unicité plongeant sa racine
Semblant la crinière, à travers l'obscurité,
D'un cauchemar par le grand Chaos enfourché.

## CXLIX.
## Potentialités

Suavement, quand la nymphe éplorée se sauve,
Au faune, en secret, s'unit. Monte en lueur fauve,
Ardent comme d'un chaudron émergé de l'eau,
A la surface bouillonnant, un lionceau.
De son énergie sourdant l'extrême tension,
Evoquant l'élasticité de la passion,
Forme en basculement électromagnétique
Soudainement qui rejoignant l'autre et s'applique
Prenant son envol, tel un dragon médiéval,
L'arc, s'élève, hausse, encor, jusqu'à l'éclair fatal.

## CL.
## Berserker

Jeu d’échecs tel par Thot sculpté dans les défenses
De morses grondant aux rumeurs des mers Hébrides,
Dont les évêques sont les fous, sombrent, hybrides,
L’intelligence épousant un fracas de lances.
Eclatant, catapultées, ces frondes massives,
Le prisme des épées rompt leur arêtes vives.
Un guerrier-ours, tel Arthur, mord son bouclier
Sous le déchaînement rageur qui le possède.
Plus impatient d’attaquer, de son destrier
Bondit brandissant sa hache en hurlant la faide,
Pris d’un sortilège odinique, un loup nageur.
Ainsi que l’avatar d’un dieu destructeur,
Puissance ivre d’une sublime barbarie,
De ce Ragnarøk, Apocalypse onirique,
Alors surgit un chamane-taureau qui plane,
Et dévaste alentour cette cacophonie
En un assourdissant bruissement métallique.
Chaque personnage étrange incarne un arcane,
Qui se réunit à son inverse opposé,
Dont le reflet en négatif dit au profane
Qu’il est au seuil de l’ogive emplie de clarté.

# Cinquième et ultime Egarement du Mat

## CLI.
### La Rencontre du soi futur

Coïncidence innée, nez à nez de son double
Avec l'image impromptue soudain confronté,
Se referme une gênante complicité,
Conscience funeste où la brume se trouble.
En des lieux égarés, propices au hasard,
Souvent, chercheur oublieux, l'absent curieux
Se perd dans ses pensées, quand il erre trop tard.
Seulement sur l'océan, tourne un vent furieux,
Cependant que s'amasse entre les rocs fumants
L'épaisseur de la bruine en vaporeux écrans,
Et se matérialisent des visions de flammes
Où se forment d'imprévisibles hologrammes.

## CLII.
## Finitude

Par d’une horloge astronomique universelle
Projetée des gemmes qui scintillent du bord
De la sphère terrestre où percent des points d’or,
Qui se meut lentement, polie en la margelle
D’une pierre roulant sur un jet de fontaine,
A l’heure exacte où le rayon s’aligne à peine,
Le temps s’immobilise. Aux glaces de Minos
En les mouvements tectoniques du cosmos,
Tout être finit à sa propre conjoncture.
Tel par un secret soupirail de pyramide
Axé sur un globe unique à travers le vide,
Chacun rejoint son astre selon sa nature.

## CLIII.
## La Transfiguration matérielle

Qui peut tomber d'un pas dans un trou de souffrance,
En chute libre, inhibe au dehors son désir,
Et revit absorbé, né d'une autre conscience,
Etranger à soi-même. Un laps. Puis, coup martyr,
Plus rien. Juste le battement, le battement,
Tel un cri introspectif qui jamais ne ment,
Des ailes de la nymphose inerte, étendue
De son spasme dos au sol, terrestre éperdue,
Qui rentre en soi-même, asséchée, recroqueville
Son corps vrillé de réalisme qui grésille.

## CLIV.
## Le dos dans le miroir

Tissant de sa géométrie la vérité
Parmi le canevas de la réalité,
Perfide insinuation, la brute s'implique.
Lumière habitant l'ombre d'Ahura Mazda,
Se manifeste, hurlant, l'essence d'une aura !
L'être le plus doux, par plénitude angélique,
Met à nu profondément accrue la violence
Qui terrasse soudain le dragon de sa lance.

## CLV.
## Les Jardins de la Brume

Magnétisée par les poudreux rayons de lune,
Qu'ils hissent craquelant ses veines en la dune,
Semblant l'image d'une grandiose illusion
Emanée des sables blancs tel un archipel,
Renaît parfois une civilisation.
D'un amas, pyramide à degrés d'Arrata,
Résonne sa géométrie d'or vers le ciel,
Tel un cratère s'abîmant en Asgartha.
Et sur l'azur obscur que tamise la nuit
Désertique, ainsi qu'un flambeau sous l'eau, qui luit,
Les vaisseaux ténébreux de la Terre abyssale,
Où s'ouvre, respirant, mainte impossible salle,
Révèlent éplorées de stalactites bleues
Comme un lotus de cristal s'ouvrant *staccato*
A la musique du Cosmos berçant son flot,
Des nefs minéralisées de leurs luths sans queues.

## CLVI.
## Combustion spontanée

Voyage introspectif au fond de la lueur,
Entrer dans l’athanor, où palpite son cœur,
Rubis du mandala. Comme un prisme bleuté,
L’amulette mystique en le sein de la Nuit,
Au saint-des-saints, au chœur profond des cours, clarté
Auréolée, sombre un ange obscur, englouti.
Par un couloir secret dans le noir cheminé,
Se crée ainsi que l’origine de la vie,
Le Phœnix ancien par sa palingénésie.

## CLVII.
## Un iota

Ou des ubiquités proportionnellement décroissantes

Chemin tortueux cristallisé de stibium
Où brillent vrillant des éclats d'argent natif,
Tels les coraux stridents d'un scintillant récif
Que la lune baigne ruent. D'un puissant garum,
La pierre semble saigner, maculant l'écume,
Suintant pourpre à la naissance de l'océan.
Le forgeron patient souffle sur son enclume,
Jusqu'à ce que la matière mue lentement.
Mais présent en des lieux de plus en plus nombreux,

L'esprit du Serpentaire en chacun se dépouille,
D'un zodiaque trop parfait dans les astres creux :
Par l'action de la férule le rouant ;
Magnétisé, l'Homme à leurs reflets chtoniens grouille.
Quand remonte des flots l'obscur Léviathan
Au jour épagomène où revient le fou,
Dans l'aube d'azur déchirée d'un lambeau roux,
Pour accomplir, à un iota supplémentaire,
Les Pôles rejoignant, le cycle de la Terre.

## CLVIII.
## SALVATOR

L'alpha et l'oméga, colonnes chevauchant
Les animations de l'esprit remontant,
Delta qui se renverse en un nom salvateur,
Forment un cercle infini au centre équateur.
Des songes se croisaient les piques amnésiques
Avec les secrets inconnus des lois physiques :
Résolution sans effet de la Gnose Noire !
Parcourant de leur signe un carré de *sator*,
Ainsi qu'un caducée dont le sommet bas mord,
Se rejoint le double serpent contradictoire.

## CLIX.
## La Pléthore du Vivant

Le désir serrant l'âme trop fort, qu'il traverse
En vide commun, du vieux choix se déverse,
Eros d'ailes en feu, poncifs artificiels !
Tout est mort, tout est cendre, en ces feux trop véniels.
Veilles décomposées des Moires, que ravage
Le mélange universel qui se confond, sage.
Mémoire évaporée, se miment les réels.

## CLX.
### Cosmogonie héraclitéenne

Le Chaos originel, chaque instant,
Se reproduit en se multipliant.
Par cette émulsion sans fin qui retombe
A chaque fois que le jour clair succombe,
D'un chiffonnage nouveau dépliant,
Imprévu cosmique, son déploiement,
Change la structure. Où en quelque combe
Rebâtit des châteaux de sable, en trombe,
Démiurge, un nouveau fleuve émergeant.

## CLXI.
### Les Nouveaux Dieux

Lignées des troupeaux de Dionysos le berger,
Voyagé de l'Inde en émissaire étranger,
Python et Jormungand sont à de nos vieux bois
Aux orées fracassantes et remplies d'effrois !
La panique enfin de Cernunnos, réveillée,
Se révèle. Un tour, clef, résout le caducée.

## CLXII.
## Sagesse idéale

Envers des lieux profonds à l'azur confinant
Des feux d'un prisme mystérieux irradiant,
Hérissement de vigne vierge en ammonite
En un jeu d'échos où les signes se complètent,
Métalliquement, des planètes alchimiques,
S'assemble aux réseaux de réflexions internes,
Logique fractale où les lignes se répètent
Tel un peuple autour d'un prisme obscur, qui gravite,
D'un astéroïde les rais hiéroglyphiques.
Pierre cubique adorée des anciens Arvernes,
Générés d'Æneas et sa cité détruite,
Or, ce qui se ressemble s'attire, impossible,
Et repousse encor le magnétisme terrible
Dans les mains imprégnées d'invisibles couleurs
Où s'écoulent sans fin d'inexplicables pleurs.

## CLXIII.
## Destin quantique

Le frère perdurant n'avait-il point jeté
Le dé dodécaédrique à la face en os
Qui se répandit, multitude en le Chaos ?
Ennemi du sang : *Nolite sed mittere,*
*Perdurabo ! margaritas ante porcos…*
Par son détournement, le sort en est troublé !

## CLXIV.
## Le Bras cupide

Service ignoble écartant sa main vers le bas,
L’instinct divin encor se devine, et trop las,
Se retourne. Invaincu, le soleil étourdi
Abat ses tours sur le chapeau endolori
Du château de Cybèle aux trois tours éboulées.
Reniées, se réalisent les nues détournées.
Mu, s’écroule et se reconstitue par l’effort
De l’homme qui se tue, dans le fort de son for,
La cité ignorante accomplissant, vénielle,
Le karma s’équilibrant, d’un rien substantielle.

## CLXV.
### Snake-in-the-eye

Dans l'ombre xylotrupe au casque chamanique
Déployant son plumage en éventail teinté,
Oméga phénicien, se love, aigle du *Graf*,
Comme un ultime creuset en sa roue runique
Vibrant les nuances du prisme décomposé,
L'ouroboros cornu. Serpent dont Saint Olaf
Fit avaler l'alpha cruciforme à sa femme
Fidèle aux dieux de ses ancêtres, vit la flamme
Des songes anciens au fond de sa prunelle.
Le boa en sa boucle englobé s'ensorcèle.
Luth où s'avance la gueule télescopique
D'un requin-lutin, déployant son squelette,
S'emporte au-delà de sa dimension physique,
La passion désespérée, pour soi se projette.

## CLXVI.
### Complicité anubienne

Comme un petit mammifère fait prisonnier
D'une ruche affairée d'abeilles caressantes
En quelque cave creuse, roulant enrobé
Les sucs de la mélisse aux sueurs des épouvantes
D'un baume corrosif gluant de propolis,
Le grand prêtre extrayait des chairs l'impureté,
Imitant les coléoptères de Nephtys.
La Reine d'un souple effort de rein injectant
Son venin, possède par le corps son amant.
Puis d'une incision, cœur serein, l'âme achève
Magistralement l'être enchaîné, de son glaive.
Ailleurs, Isis en trône veille au gynécée
De ses prêtresses-mélissaï. Inachevée,
Se finit la sculpture voulant se débattre,
Cousue à sa chrysalide, œuf-de-cent-ans clos.
Au loin résonne, assourdi, le fluteau d'un pâtre.
Mais, Saturne triomphant, ricanent ses os
Par un sublime orgueil tel pour l'éternité
Au crime lié, de l'individualité.

## CLXVII.
### Arcane pythien

Montant les mains en soleil, peu à peu rejointes,
Claquant à chaque pousse infime en s'enchaînant
Tel en un flamenco, l'attrapeur de serpent
Résout le caducée où se joignent leurs pointes.
Et dans sa transe enflammée, Shiva, éclectique,
Déplie les plumes d'un réfléchissant triptyque.
Mais l'arc-en-ciel se refermant se redéploie
Dans l'autre sens, où sa couleur mouvante ondoie.
Roue de Fortune en soi-même un cycle engendrant,
Par le décalage, en spirale, de son centre,
Le Chaos chevronné mue sa danse du ventre,
Reptile en cotte d'écailles chatoyant.

CLXVIII.

Les Plumages du Trône

Dessus des lames d'or où un collège ancien
D'initiés avaient fondu, secret égyptien,
Les symboles voilés de toute connaissance,
Emane encor, invisible phosphorescence,
L'aura d'un scribe divin à tête d'ibis.
Diableries d'un hermétisme médiéval,
L'Atlante accomplit dans un mélange inégal
La Nature à son paroxysme. Enfant d'Isis,
Prend son envol, aux bras écartés, le faucon
La lumière en messager du nouvel éon
Portant par son regard aux larmes incomplètes.
Ainsi se résolvant, les écarts centripètes,
Où le germe a mûri tel dans une prison,
Se referment, pris en la gueule du dragon.

## CLXIX.
### Nibiru

Aux bras de coudée, navire voguant au ciel
Trois cordes nouées sept fois en chapiteau de fût,
D'écart infinitésimal, toile à l'affût
De l'or décimal de l'étoile arde un fiel
Dont la couleur vire du rouge, ambre de miel.
A la troisième, heure inverse des miracles !
Où s'abîment de la nuit d'astres les pentacles…
Les rêves sont nés de l'écume : *ein Martl, mein Madl !*
Se tait, d'or la vérité, mimétique appel.
Par le vert se nimbant, tout juste à l'horizon,
La veuve au teint noir épouse Quetzalcóatl,
Sous la lune bleue habitée d'un djinn pastel,
Des dragons fondateurs d'Eden en ce lagon
Quand revient la douzième planète elliptique
Et se lève Noé sur son mont prophétique.

## CLXX.
## ¡ Mira bien !

Où le hasard peut s'exprimer, fourche aux croisées
Des chemins où se perd Cypris au regard louche,
Vapeur aux quatre vents exhalée de la bouche
D'un chamane, entre ses volutes déformées

Se meuvent les esprits, tempête en miniature !
Signes inconscients des forces de la Nature,
On rencontre parfois de son rêve banal
A fleur, valet, le croyant personnel, Bélial,

-Voyant démembré Pan, ploient des goules amuïes !-
Ou tout de paille, ou encor cet homme des pluies
Qui par la nuit fuit toute lumière, un ministre
Des puissances cachées. En ces ombres de bistre,

Parmi le froid grincement des poussières mortes,
Où se perçoit, soudain, dans un demi-sommeil,
La monade hiéroglyphique, éclat vermeil,
Hermès Strophaïos, cornu, fume au coin des portes.

## CLXXI.

### Chevauchant les rapides

Dans le tumulte d'un vaste torrent sauvage
Où tombent d'arbres tors au sommet de falaises
De marbre noir, des lierres moussus sans âge,
Luttant avec le courant, ô rocher, tu pèses
L'énergie de la terre. En le vaste combat
Déchirant le flot clair, s'engouffre un limbe à plat.
Que le fracas bafoue du tourbillon meurtrier,
Il court, riant sous sa cape, un obscur destrier.

## CLXXII.

### Le Mandala hiéroglyphique

Double pentacle en ses reflets communiquant
De pentagones s'inversant, mis en abymes,
Le patron du dodécaèdre, échos sublimes,
Peint la Musique des Sphères au cœur voyant.
Univers tout en lui face à phases éclose,
Le Cube en Croix, l'Arbre séphirotique implose !
Et le miroir déploie de nouvelles couleurs
Où se retrouve et se retourne, unique rose,
Le flambeau éternel de mystiques ardeurs.

## CLXXIII.
## Le Cœur dodécaédrique

Tel un ancien dragon, flottant ses barbes blanches,
Partit dans la forêt, quittant l'éloge. Et, ah !
Il se refléta aux communicants éclairs.
Le vieillard rachitique, axant ses vieilles branches,
S'assit en tailleur sous les pieds d'un séquoia.
Le monde était en lui, il était l'univers.

## CLXXIV.
## Synchronicité

D'océans de mercure aux îlots d'émeraude,
Dans le secret du tombeau de l'empereur Quin,
S'accomplit en l'immobilité par la chaude
Haleine de l'éternité semblant un djinn,
L'œuvre inconnue d'une harmonie macrocosmique.
Tandis que j'écris, synchronicité mystique,
Un sphinx tête-de-mort, posé sur mon bureau,
Reste stoïque, et tel un rongeur frémissant
De ses yeux noirs semble accuser l'humain bourreau.
Les vibrations de Chopin, soudain, l'ont charmé
Tel un oiseau-de-foudre un moteur poursuivant.
De la chandelle orangée l'éclat vacillant
Baigne dans son cocon, comme une vanité,
La condition de l'être en la vie momifié.

## CLXXV.
## Stabat Mater

L'incarné remontant comme un serpent ailé
En le cœur renversé de l'homme en sacrifice,
Flamme pyramidale, ardant par son supplice,
Du Dragon Ancien l'inverse loi, révélé,
Enseigne au savant comme un sage philosophe.
S'il franchit le pas, par-delà le précipice,
L'étudiant entre dans la nue de clarté,
Ou s'engouffre en le Chaos de la catastrophe !
Oracle de Thot, le Livre en Delta pointé,
En spire passé par un dāleth phénicien,
Vers la terre abyssale abaisse sa pique, as
D'un jeu de treize, à cheval en soldat romain.
La Mère contemplait, vers les hauteurs, Soldas :
Heureux le lion qui dévore, et il sera seul ;
Car le fauve en lui sera, honte au dévoré !
Ainsi du Talion le démiurge est abrogé,
Arbre hypostatique en le creuset de l'aïeul.

## CLXXVI.
### Le Partage d'Enlil

Soleil déclinant d'un héros, grand roi hittite,
Le héraut initié répond à Caïphe,
Qui être eût pu d'un berger cornu troglodyte :
« C'est toi qui l'as dit… » Insigne hiéroglyphe,
S'indigne d'un signe enlacé en Tau caprin,
Cuirasse d'un pharaon dolichocéphale,
Le python des mystères anciens. Et Crotale
Se coucha bientôt de ses feux purpurin.

## CLXXVII.
### Terra incognita

Le négateur de l'âme qui se rend justice,
Comme a dit le poète aux fleurs lucifériennes-
Par pauvreté d'imagination complice
Du néant des prolongements de leurs Géhennes,
Tisse une étoffe onirique au réel rustique.
L'égrégore terrestre a fondé son Hadès.
Le front plein d'azur dont le pampre se complique
Eclaire en l'infini d'amples architectures
Où quelque récif d'ogives de Fernandes
S'entrelace aux arabesques des surnatures.

## CLXXVIII.
## Bios

Longs cris de nixe à la chevelure embrasée,
Sous cette nuit se meurt son extase embaumée,
Ardent soupir, comme un regret de la marée.
D'élans si subtils un monstre constituant,
L'ombre se construit en cheval de Troie roulant
Dont l'arche avance en grinçant de sa roue déviée.
Infime ardeur de fées aux poitrails frétillants,
Amours rassemblés semblables aux blés des vents,
Tremblant, tels les émois de moineaux scintillants

Murmurent. Des couleurs, mouvants feux d'artifice
Qui mûrissent, coulant aux ruisseaux palpitants
D'un courant qui ondoie dans le sein dilaté
De rouges-gorges chatoyants de duvet lisse,
Semblent un flux qui s'envole au prisme éclaté.
La tension variée de l'instable arc-en ciel,
Où passent et se croisent illogiquement,
Magmatique en sa gueule de Léviathan,
Leurs passions qui luisent, crée un flot fusionnel.

## CLXXIX.
### Onomatopée

Lettre enchaînée d'un éblouissement mystique,
Fusionne la sonorité d'un nom divin
Confondant, achevées, l'origine et sa fin ;
Sa double incarnation construit, qui s'imbrique,
D'un triple unique, inversement, la remontée.
Ravissement, par la lumière enlevée
S'élève l'âme omnisciente, par l'oubli.
L'arbre ternaire inspirant, à la fois pyrique,
Ou cruciforme en se nouant, le premier cri
En chevrons superpose à la boucle pythique.

## CLXXX.
### La Gueule du Dragon

Le poisson suspendu par de l'Ankh la bélière,
Où violette une pierre, ardente chevalière,
Brasse à nouveau le feu, constellation première.
Dans le trouble des eaux, son bras secoue la flamme :
Pétillant, se dénoue l'ubiquité du drame.
Spirale au ressort déplié, s'élance l'âme
A travers le magma sanglant d'une matrice
Jaillissant comme une lave dévoratrice,
Avant que ne s'en referme la cicatrice.
Et, dans le bleu nouveau d'une sphère idéale
Comme prise au réseau de son prisme, glaciale,
Le Grand Pan se reconstitue dans ce dédale.

## CLXXXI.
### Renouveau fantastique

Quand la sève engourdit les sureaux odorants
Où pépie une vie aux aigus triolets,
Printemps des magiciens ! Surabondants secrets,
Leur chair tendre s'emplit, constellée de serpents,

D'une énergie mystique, sinueusement.
La fée de l'arbre éclate en son vibrant corset,
Et l'ombre se fait moite où craque un bourrelet.
La vieille, du verger, complice de Satan,

Descend, jaunâtre, aussi pour une autre récolte.
Dans l'air jeunissant plane un parfum de révolte,
Tandis que s'immiscent, courants d'air parallèles

Des papillons bruns, dans le crissement de leurs ailes,
Les âmes emprisonnées, belladones frêles,
Mûrissant, empoisonnées, bizarres prunelles.

## CLXXXII.
## L'Inspiré de Bélial

Qu'impasse abandonnée de décombres comblée,
Jouxte un escalier de pension désaffectée,
Sous son enseigne rouillée, la trappe, happant, grince :
Ventail de combles encombré, claque la pince
D'une porte oubliée de la Rue décadente
D'un *gentleman* à l'imagination grouillante,
Archirêveur en d'autres lieux. Un courant d'air,
Evoquant l'écho soudain d'un accès de nerf,
Où l'heure impaire éclot d'une montre à gousset,
S'engouffre par l'embrasure et tremble au volet
Poncé de sécheresse. Et tel un caveau triste,
Atelier délabré d'une vieille artiste,
Hanté par les rats noirs du delirium tremens,
Evolution avariée de l'homo sapiens,
Sous ce pavé désert où volent des journaux,
Remonte un flux de vampiriques animaux.

## CLXXXIII.
## En-deçà mythique

Bovine au regard terrible, tapie au creux,
Ainsi qu'un djinn fumant, d'un glacis caverneux,
Io dionysiaque, un verger onirique
Hantant, effarouchée, le dédale de brique
Parcourt, hanap de feu d'un auroch symbolique,
Tel l'éclat coloré d'une flamme olympique.
Prophétie démoniaque où se révèle Hathor,
Matrice d'un soleil embrasé sur le Nil,
Caste d'un élément divin par Enlil mort,
Sacrifié le protecteur d'un peuple viril !
Car, sinueusement, porteuse de lumière,
Couronnée par ses dix cornes adamantines
Chevauchant l'hydre aux têtes entre elles mutines,
Ishtar illumina le monde de matière.

## CLXXXIV.
## Kalb al-Akrab

Le Cœur du Scorpion

Sous ses larges épaules chargées de fourrures,
Dont le maître, Odin, se tient pensif, messagers
Des dieux, fuient au-delà les corbeaux familiers
Comme un pinceau qui mélangerait deux peintures,

Teintant de rouge vif la putréfaction.
De sa lance fouillant la chair tel un vieux loup,
Son visage borgne affleure à travers le flou
Du visible où s'édifie sa réflexion.

Envenimant ses yeux qui s'ouvrent en spire,
C'est dans son parcours même, au cœur du processus,
Que pénètre le dragon, fer de Longinus,
Que ce complexe mandala créant, l'aspire.

## CLXXXV.
## Logos

Le Prince de ce monde aux Anciens favorable,
Principe, à un iota, d'un démiurge improbable,
Du fiel aveuglément, de sa semence né,
Sur la terre ainsi que d'Ouranos déversé,
D'un salto magnétique en son envers trépasse,
Du roc cubique où, enchaîné, un cercle il trace
Comme un cyclope borgne à tâtons s'excentrant.
Puis, un carré dont le triangle en globe hampant
De son empan, se dessine par conséquence,
De la danse du Chaos tardive évidence,
Dodécaèdre où les astres se réfléchissent
En biais du prisme, arc-en-ciel, et fléchissent
-Le couple rougit : meurs, mémoire de cristal !-
Pour se compléter en le plus pur minéral.

## CLXXXVI.
## Implicite géométrique

Un losange subliminal,
Mise en abyme de la toile
D'un pentacle en reflet fractal,
Fleur de *substantificque moelle*,
D'une étoile, au prisme induit, Graal
Décomposant la lumière,
Réunifie sa matière.
Mais, du fond de ce septuor,
Veille l'œil sur sa course d'or,
De la vieille mère-araignée.
Sommet d'un Tau la renversant,
D'ourobore airain, la Loi ment.
Par leurs dédoublements baignée,
La rose en Vénus s'inter-change.
Cristal arrosant aux mains d'ange,
Se conçoit, travers des espaces,
Cet hologramme ardent des glaces.

## CLXXXVII.
## Catastrophe

Don Quijote adoubant l'Atlante fugitif,
Le valet noir baisse sa pique, et parcourant
Le labyrinthe, meurt, jet de vapeur plaintif.
Homogénéité des parcours temporels,
Se tisse en le Chaos une sphère d'argent
Où le périsprit clarifié se reconnaît.
Et globe ailé, de ses battements immortels,
A son centre introspectif, le soleil renaît.

## CLXXXVIII.
## Architecture du Processus

Escalier en colimaçon
Au parcours inverse invisible,
Par une ingénieuse façon
Sans face à face, indivisible,
Se joint aux portes de Platon
Son décalage. Arbre en la Bible !
Temple de la génération !
Tremble un caducée inflexible.

## CLXXXIX.
## Sol InVicTus

Dans le matin, tel d'un origami l'aura,
Le faucon se déploie d'un autel caverneux,
Dragon neuf du soleil invaincu de Mithra.
Torsions foudroyées au sommet d'un mont nitreux :
Opération occulte au cœur d'un *nagakal*,
Encor jeune, Apollon mue sa peau de cobra.
Connaîtras-tu, mortel ! le nombre de leurs nœuds ?
Par le caveau secret d'un autel sépulcral,
Reposant sur le sable ainsi qu'un sphinx gibbeux,
Descendent des degrés dessous son piédestal.
Mais, d'entre les damiers de profonds trompe-l'œil
En dédale, ouvre un yantra semblant lisse, au seuil
Prenant son essor vital, les bras déliés,
D'un titan comme au flambeau, sur ces sols marbrés,
Sombre accomplissement d'un mystère lunaire,
Envolé, le rapace en serpent de lumière.

## CXC.
## L'Envol introspectif

Dans l'expansion d'un instant intériorisé,
Eternité d'un éclair immatériel
Des tissus de rêve individuant le réel,
L'égrégore inconscient se met à exister.
Eveillé des profondeurs, arc spirituel,
De la matière, se projette en un appel
D'air, l'élan contemplatif désintéressé.
Et, errant un moment tel un oiseau pastel,
L'éon désincarné plonge dans la clarté.

## CXCI.
## Voyage à Sirius

Quand l'âme se décompose, et par la structure
Du souffle ardent de l'esprit, change de nature,
Se refond la génération de l'Iscariote.
Divin désespoir d'un traducteur d'Aristote !
Icare épousant, de l'Hydre chevauchement,
Son ombre, est ravi du labyrinthe au couchant
Le granitique étincèlement d'un gisant.
Du Cosmos parfait à la conjonction exacte,
Le faucon revient à sa dépouille intacte.

## CXCII.
Spectrométrie spagyrique

L'alchimie dans le vivant tissu du Cosmos
En chaque individualité se compose
Rectifiant l'harmonie de sa métempsycose.
Dans les envolées pathologiques d'Eros,
Cependant la palpitation se manifeste
De l'originelle expansion du vortex.
Divinisation du monde en un cortex,
Sa divination se résout mimant la geste
Du Chaos infini. Le destin fait le reste.

## CXCIII.
La Langue des Oiseaux

L'élan de pensers ennoblis,
Dans le bruissement des feuillages
Ecoute à travers les esprits
Les profondeurs de son âme. Ages
Des spirituelles vertus !
Erudition de la musique !
Contemplation d'essors émus,
Demeurez d'un sort ironique.

## CXCIV.
## L'Œuf de Serpent

Talisman druidique

Cavalier fugitif qui du rocher bondit,
-Et quand il atterrit dans un fracas de feu,
Du pied de la colline, une source jaillit !-
Triomphant, se dressa sur sa queue Anguipède,
Comme un œil intériorisé d'un halo bleu
Tenant la sphère ailée de toute connaissance.

Ovin désespéré qui crie sans cesse à l'aide,
Le primate hybride hérita de la sapience.

## CXCV.
## Basilic

Par une technique infâme invisible aux Anges,
L'inconnu se ravit au principe immuable,
Conservant son intégrité sans fin semblable.
Ascension d'une momie à travers les franges
D'un lumineux nuage, accède à l'éternel
L'usurpateur qui, seul, aspire à contempler.
Car, charmant les échos d'un sinueux appel,
L'Art ne veut pas être ébloui par la clarté.

## CXCVI.

### L'Eon épagomène

L'aigle anguipède ainsi qu'en un cobra royal
Avait croisé le caducée au crépuscule
De ses principes opposés d'un nœud cordial.
Jouant des cordes l'harmonie de sa férule,
L'éternel renaissant soupèse le quintal
Tel d'un ouroboros qui mue. Du ciel l'or brûle,
Flambeau sur l'océan. Serpent lové du Graal.

## CXCVII.

### Parodie du Phœnix

Le chaos qui s'épanche en fins réseaux
Par le code ainsi de vivants vaisseaux,
Déploie son achèvement infini.
Tendant d'une reine au centre du nid
Les filaments en prisme arachnéen,
Ces arabesques hérissant leur lien
Forment des pyramides encastrées.
De leurs gemmes fumant vaporisées,
L'enfant de cristal mélodieux, d'épines
Entrouvre en grinçant ses ailes divines.

## CXCVIII.
## Deltaplane

Moulin en feu dont s'envole au faîte, en volute,
Dans un tourbillon de flammèches la nuée,
L'or, vert, palpite à l'emplacement de sa chute.
Espion d'une Tour de Babel décapitée,
Laissant seul pénétrer, dont les pensées s'enfoncent,
Un vieux guerrier ibère en ces forts égarés,
Le gardien aux bras hermétiquement pointés
Multiplie le triangle où ses naseaux se froncent.
Du beffroi semblant une arche contre-nature
S'échappe le souffle ardent de sa démesure.

## CXCIX.
## L'un près de l'autre

Ah ! Douceur réprimée de regards clandestins
Aux derniers instants cueillis de frénésie !
Quand se séparent sans un souffle deux destins
Cependant qu'aimantée se fond notre élégie !
Le sein se gonfle d'un panache mantellique
Pour déchirer l'étreinte, d'un *trapp* magmatique !
Et de cette faille béante, se confondent
Leurs larmes tels des orages lointains qui grondent.

## CC.
## La Conséquence originelle

Le cri du coq où se réunit le serpent
Tel un double tronc ensoleillé par son bec,
Fin du quatrième éon de Melchisédek,
Des esprits ensommeillés révèle le plan.
Par le soulèvement d'un éclair magnétique
S'atrophie l'écaille en l'œil secret racorni.
Au matin de ce renouveau cataclysmique,
Semblant une aurore boréale, engourdi,
Le Phœnix primordial rampe au marbre et se cabre
Sur le pinacle ardent que d'or scinde son sabre.
Des mues sur les degrés d'aile aux épées de flamme,
S'engendre la génération dévêtue d'âme.

## CCI.
## Le Voile d'Abraxas

Séduit chaque pas par une autre étrangeté,
En ces géométries d'univers projeté,
L'esprit pandorien s'induit vers le centre

D'un Jormungand gigogne, ses mues déployant,
Comme un reptile à sang froid, sinueusement.
Mais l'éclatement de son extase lorsqu'entre

Une âme en le giron du globe omniscient

Echevèle en mille rameaux de sa panique,
Réseau d'éclairs émus en ce champ magnétique,

La passion dionysiaque où il contemple
Ainsi qu'une œuvre d'art l'absolu du grand Tout,
Et s'ouvre en ailes son torse en un soupir ample.

Dans un palais en rouge et noir veille le fou.
Car, iota inexact des soleils annuels,
Le cycle s'accroît des retours originels.

CCII.
Phármakôn

Vipère au galbe cambré d'un Esculape ivre
Des voluptés entrevues qu'étreint cette Guivre,
S'enroule à sa coupe et d'un baiser caressant
Le précieux venin même à son désespoir verse.
De la morsure adorée à mort, cependant
Que l'hypnose anémiant son esprit le berce,
La douce en frémissant de plaisir lui susurre
Le savoir pyramidal par une serrure.
Ainsi se fuit toujours la globalité
De l'infini qui songe en son intimité.

## CCIII.
## Lémuriens

Faunes nocturnes dont l'œil frontal percevait
Un règne onirique aux êtres ultra-violets !
La vue chamanique opacifiée d'osselets
Scrute obscurément un monde intérieur secret.
Verdâtres lueurs des sylves phosphorescentes
Etincelant des battements d'un vivant lierre
Que peuple un chœur de filles-fleurs luxuriantes !
-Dragon invisible, en la brise qui serpentes !-
Cependant que se ralentit la vibration
Du bourdonnement de l'esprit vers la matière,
Se condense en chair l'universelle illusion.

## CCIV.
## Pythosophie

De l'unique absolu division primordiale
En les sept têtes d'un dragon, spire fractale,
Soudain l'omniscient sous sa griffe marqué
Voit d'un troisième-œil par son sang ravivé.
Tard, la cause originelle et la fin ultime
Que l'infaillible écho du devenir anime
En leurs détours se confondent en un seul nœud
Que parcourt le serpent de sa tête au milieu.
La multiple expansion, secrète conséquence,
De l'univers trahit la divine science.

## CCV.
## Le Parcours de l'Eden

Si le mage étranger dont la sonnante oreille
Déploya son jardin d'extase nonpareille,
C'est vain qu'il se peuplât de ses nymphes sublimes !
Car le Phœnix ancien veille au creux des cimes.
La pupille infime exprimant l'ataraxie
Relie la quintessence, en son spectre, à la lie.
Castration du premier homme universel
Par la lance en son flanc démettant une côte,
Se déplie le cube où, morfondu par sa faute,
Multipliant la coagulation d'un tel sel,
Jeu des échecs d'une arachnéenne origine,
Est crucifié le septénaire androgyne.

## CCVI.
## Le Troisième-Œil

Plongé dans le bain vermeil, au sang du Dragon,
S'enrhume un souffle, accolade imitant l'affront,
Où se transmue de son esprit la vibration.
Le héraut mugit, son essence séparant.
A la lueur verte du Graal, flux renaissant,
Le crâne se craquèle verticalement.

## CCVII.
## Eloge de Pandore

Aphorisme

De toute manière, et dans toute circonstance
Générant la curiosité, l'intelligence
Cause en vase communiquant la connaissance.
Eclose en troisième-œil cette pensée qui pense !

## CCVIII.
## La Génésie universelle

Porte en un ailleurs confinant à l'avenir,
En un vieux monument, flou, le soir vient mourir
D'un trou bleu en Dacie. S'accomplit le mystère
D'un pont céleste du réel à la frontière,
Alvéoles filtrées d'un rayon de lumière,
Structurant l'arc d'un lointain passé à venir.
Où germe la semence aux courants souterrains
D'un secret qui songe en un latent souvenir,
Silencieusement tels des dragons anciens,
Médite le grand Sem dans les sables syriens.

## CCIX.
## Le Ciel sur la Tête

En la clairière d'un marais inextricable,
Astéroïde assommant un Celte égaré,
Se dévoile à travers la brume enflée, la Table
Déployant, cube éclos, sa secrète clarté.
Comme un coffre ancien tombant dans la poussière,
De lueurs aux arêtes croisées, l'occulte pierre
Déplie son prisme ouvert en merkaba cosmique,
Qui se rétracte, et son dodécaèdre étend
Tel d'étoiles d'or l'étincelante musique.
Et du temps biaisant sur lui-même le plan,
Se fend par la diagonale un origami
Où se met en abyme infiniment ce pli.

## CCX.
## La Fréquence Sésame

Connaître en la vie le spirituel schéma
Qui trace les répercussions de son karma :
O figure féline au soleil angora
D'un globe résonnant où vibre son éclat !
Traversant en marquis vénitien l'Agora,
Sublime son détour, l'accroissant, l'être ingrat.
Bélière de l'Ankh tonnant au cœur, mise à plat
Cruciforme de pierre cubique en chakra,
Tourne la clef d'une harmonie mineure en fa.

## CCXI.
## Opus minor

L'Accélérateur conscient de la catastrophe,
Lucide accident de ce virage cosmique,
Treizième occiput au centre du cercle, unique,
Accomplit une erreur d'Antioche limitrophe.
Miroir traversé d'un rayon trop vibratoire,
D'un visage à l'occident, troublé d'un ailleurs,
Chante le cristal, par sa chambre incantatoire.
De sa matrice en carré, l'Hermite est, vainqueurs :
Sur le troisième-œil paternellement, le cœur,
Les clavicules, clous calculant sa couleur.

## CCXII.

La Sirène

Sur un rocher prenant un bain de brise au tiède
Du crépuscule océanique, et retenant
Son souffle timoré, créature au sein blanc
Qui frémit sous sa chevelure emmêlée raide,
Une vierge marine, en sa pose halieutique,
Se pâme un rare instant. L'enfant d'Oannès s'aide
De sa hanche en un spasme, avant de se glisser,
Taisant les voluptés de son chant pathétique
Dont la mélancolie se meurt, muant en ré,
Parmi les algues couvrant ses frêles épaules.
Là-bas son galbe ondule, hélas ! déjà qui frôle
L'azur, vers l'inconnu d'une étrange cité.

CCXIII.
L'Avatar de Mithra

Devenant tout soi, par naissances successives
A travers leur cercle élargissant le possible,
L'individu vers l'univers indivisible
Nage au centre futur des ondes primitives.
Habitant, de ses mues, dans chaque Luminaire,
L'ouroboros cosmique en l'humain se reforme.
Et, transfiguration de l'Ange rebelle
Condensé en le creuset brûlant de la terre,
L'intériorisation de cet Amour énorme
Dans le cœur du Serpent crucifié se révèle.

## CCXIV.
### Enchantement monolithique

Mirage, affleure un ailleurs des menhirs moussus
Dont, alignées sur les astres, s'ouvrent les portes
Vers les gouffres profonds de pays inconnus.
Remontant, jour fantastique, une galerie,
Par les splendeurs scintillantes des cités mortes,
Débouche en un paysage de féerie.
Forêts minérales en récifs coralliens
Où se jouent des volatiles phosphorescents,
D'une sylvestre étreinte aux soupirs caressants
Les liserais s'ensevelissent sous leurs liens.

## CCXV.
### Spiritus

Par sa respiration, l'Esprit diversifié
S'enrichit d'un multiple écho divinisé.
Dans un prisme en spirales de triangles d'or,
La lumière éclatée, en un sublime essor,
Déploie l'arc-en-ciel d'infimes déclinaisons
Où son déclin confine aux primes vibrations.
Chaque existence, alors, en soi réagencée,
De l'infini démultiplie la chrysopée.

## CCXVI.
### L'Antidote de Circé

Qui craque affleurant d'une infrangible banquise
Perçant, sa peau vert-pâle se dévoile, exquise,
Sur les neiges épanouie, fleur grelottante,
Des cimes, fille-*moly*, douce et larmoyante !
Du cratère d'un vieux volcan qui semble battre,
Se partage sa frange en ogive olivâtre,
Lissée par les sanglots cristallins d'un jour trouble.
Et s'entrelaçant comme un serpent d'Hermès, double,
La nymphe écarte sa corolle avec les ailes
S'ouvrant de son sternum en tussives flanelles.

## CCXVII.
### Mystère pythique

Cité désertée d'un rat de laboratoire,
L'humain parcourt le labyrinthe d'Apollon,
Songeant son rebours par le ventre du python.
En des reflets la galerie transmutatoire,
D'un couloir lové dans le rêve il s'en retourne
A l'angle ouvrant la gueule du Léviathan.
Et par cette herse où sa vision s'enfourne,
Orphée se souvient son devenir inconscient.

## CCXVIII.
## L'Archéomètre

A l'énergie, en Tau, s'incarnant du Grand Pan,
S'enlacent par la colonne ailée qui s'élève
Les cercles successifs, comme un double serpent.
Le mâle Archonte féconde, arbre de sa sève,
La Nature originelle en soi générée.
Le feu du Bélier s'unit aux cornes lunaires.
Mais, complétant la triple voie de ces mystères,
Les pythonisses font méiose en leur portée.
Car, fractal cycle activé par cette spirale,
Les genres évoluent de sa geste fatale
Ainsi que les couleurs d'une Roue de Fortune
Qui s'abîme en les mouvements nés de leur rune.

## CCXIX.
## Le Pas de la Porte

Evoquant un delta palmé, piétinement,
De cliquetis se dépliant métalliquement,
Cha-cha-cha crocodilien son rythme écrasant
Tel remonté d'une pyramide à degrés,
L'incantation, de prêtres mayas oubliés,
D'une civilisation bien antérieure,
Du crâne en une chambre résonne, intérieure.
Lourd, réaccomplissant un mythe parallèle,
Se déroule en des gestes quotidiens, un rite
Que cette mélopée monostatique harcèle
Comme le bourdonnement ardent d'une fuite.
S'abîmant en arrière en une ample brasse,
Les airs sont emplis d'un tremblement dont la basse
Ondule ainsi que de sombres mégalodons
Qui froncent d'un nez anthropoïde leurs fronts,
Semblant la réminiscence génétisée
D'Halieutiques tassés en terre cétacée.

## CCXX.
### Léviathan autophage

Ce n'est qu'en ce que tout possible coexiste,
Qu'incidemment la boucle d'une âme, égoïste,
Rejoint le cœur du nœud, sphère où se renouvelle
Ce serpent. Corde torse uniquement plurielle,
De boursouflures agglomérées jusqu'en globe
Se resserre à imaginer un double lobe,
Dont découle, exprimée, nuée psychologique,
Le rêve vaporeux de l'existence, un être.-
Qu'enfin, l'infini du destin s'achève à naître
Superposant son harmonie hiéroglyphique.

## CCXXI.
### Le Pieu de Pygmalion

Façonnant le reflet plus profond que projette,
Fracassant, le ciseau sur sa sensible arête,
Frémissons au regard où nos voix s'interrompent.
Et parmi ces remords de jamais qui se trompent
En l'abîme interdit de soupirs retenus,
Songe encor à des instants déjà souvenus !
Enclos d'îles dormant d'impossible avenir,
De ces temps entrevus l'illusion vient mourir,
Quand s'étaient oubliés les sanglots trop avant
Sur la pierre écumée de ce mirage blanc.

## CCXXII.
### Mélopée marine

Derrière une digue, au crépuscule, une crique
Recèle, à qui sait voir, l'entrée d'un arc obscur.
Comme une fissure élargie, rauque, d'un mur,
Insoupçonnable profondeur qui se complique,
Dont le lierre s'écarte en grondant, déchiré,
S'ouvre, incrustée de liserais phosphorescents
Tels rongés par des vers en réseau luisants,

Une caverne étoilée à la voûte en clef
Granitique où se reflète en ce dôme immense
La nymphe étiolée, du lac souterrain qui danse.
De la lune pleine en chevelure argentée,
Cependant, Séléné bientôt répand l'ondée
Que sa harpe éplorée d'un frisson pathétique
Caresse sur les flots d'un air énigmatique.

# Variations pyramidales

I.
Introït

Escalier maya, s'achève, aux astres ouverte,
L'incendie en pentacle d'araignée, menhirs
Leurs titanesques enchevêtrements, couverte,
Révélant d'une cage où meurent les soupirs
D'une âme solitaire, Eve au serpent mirée.
Vibrant, la goutte, en pendule magnéstésique
D'une larme empoisonnée, venin, aspirée
Sous sa canine se mêle à la sève riche,
Fumigation de leur condensation pythique,
De la connaissance ultime au verbe qui triche.
Pénètre ton esprit de sa paroi sonore,
O Ver souterrain qu'un céleste bec dévore.

## II.
## La Table d'argile

Accédant au-delà l'égrégore éclaté
Au symbole à l'originel sens devenu
Des pelages abandonnés d'un agneau nu,
Se salinise en le delta du Graal l'arc né
D'une lentille en son prisme cristallisé.
Pèlerinage égaré d'amoureux perdus,
L'esprit de Mercure et Vénus se sont élus.
Dans un sifflement de compassion arbitraire,
Alors, d'aspic sacrifié, préfère se taire,
L'eau de l'or exprimée, caribou distillé,
Par ces parts réunifiées, bouillant la clarté
Comme, émergées, les trois flammes d'un pur creuset
Renversant sa pyramide, à peine incomplet.

## III.
## Résonnance cunéiforme

L'orbe ovoïdal vire, où l'ultime Démon
Que pointe un Sagittaire en treizième Maison
Mûrit, Dragon à un iota supplémentaire,
Pour accomplir le cycle ouvert du Serpentaire.
Comme un cobra par le travers de la sapience,
Fou de ce jeu d'échecs mortel qu'est l'existence !
Il avance en biais, orienté d'éclats obliques
Où Sirius par Isis d'Orion s'immisce aux briques,
De l'astre vert ainsi qu'un or philosophal.
Quand mue la chair des dieux, globe hyperboréal,
Remonte à la surface, au Lion étalant
Sa chevelure en fleur, primordial océan
Dont se déploie l'étoile en toile d'araignée
S'abîmant aux réflexions de cette Pangée.

## IV.
## Les Soupirs de Pan

Horizon nouveau de tempétueux tourments,
Ouvrant l'éclat de constellations minérales
Comme un éclair qui palpite en gemmes d'opales,
Parmi l'obscure gématrie de flux vivants,

Se captent entre eux les terrestres grouillements.
Des profondeurs de vibrations pyramidales,
D'un inconscient universel les fractales
Comme agglomérées aux sels de noyaux liants

Développent l'enchevêtrement atomique
Que respire en esprit ce dessein chaotique.
Exact embranchement, au *Dasein*, du destin,

Les branchies ramifiées des possibles s'englobent
A mesure que l'origine en soi revient
Par l'écart des détours où elles se dérobent.

## V.
## Amour naissant

A toi, je m'emprisonne par elle, enfourchée !
Un remord malicieux s'agrippe et rugit
Lorsqu'en une moue mièvre, ton menton frémit
Comme un museau de vieille hermine effarouchée.
Alors, on dirait profond cet iris hagard
Où mon âme se baigne, ô sirène, en ton isthme.
N'ose rien dire, et obstine en naïf mutisme
Le sanglot ravalé qui sied aux œuvres d'art !

## VI.
## L'Archirêveur

Au fond grinçant des colombages d'un grenier
Mis en abyme ainsi que d'un tunnel minier,
Spire au-delà d'une cité cappadocienne,
Par le signe puissant, tel d'une roue foraine,
D'un astrolabe archéométrique en le roc,
Une âme entre maniant ses cornes d'auroch.
Rune oubliée dont le travers de boiseries,
Quantique, endort les secrètes horlogeries,
S'abîme un monde en gouffre aux degrés en volute.
Cependant, l'or du rêve hors ses figures, brute,
Or, cet Enfer de Dante en son plan symbolique
Révèle où il se revoile au fou sa mantique.

## VII.
## Les Fils de Seth

Aux palais cristallins de vagues pétrifiées
Des glaciers où vont des dragons holographiques,
En des grottes bleutées pleut d'arches magnétiques
Comme un trouble de jade aux verdeurs anisées.
Une âme égarée tard, prisonnière des fées,
Songe, immobilisée, en les vapeurs arctiques,
Et aimerait se tordre en son rictus, Borées
D'une vague aurore en le ciel noir distordue.
Lentement, la couleur de son aura se mue
Et doucement ondoie au levant pour renaître.
Réchauffement soudain, de ses membranes fines
Le gel vivant remue afin d'enfin connaître
L'envol métamorphosé des nymphes marines.

## VIII.
## Basculement

D'après la Spirale d'Or

Le valet d'épée, d'entre-murs mouvant obstacle,
Le long d'un plan de briques bleues pointe son arme.
De l'ogive en abyme au centre du pentacle
L'Oudjat, au iota incomplet de sa larme,
Ouvre en troisième-œil vertical un fin losange
Chutant en sa toile de veuve en cheveux d'ange.
Tel un casque caprin sur d'inverses frontons,
Gardien à l'armure écaillée de chevrons,
Le scarabée de Nephtys, Maîtresse des Clefs,
Vrombit des cours en rouge et noir de damiers
Aux sept portes par des degrés à l'origine,
Araignée, où se recrée l'Homme de la bruine.
Carreau d'arbalète au fond du puits de Mimir,
Verse son regard avant du ciel ressurgir.

## IX.
## Les Ames Sœurs

Cornes accouplées de l’Hydre cabalistique
En les siamois implantées de cette Grande Ourse,
Se réflexifie le cristal suivant sa course
Comme un cristallin fragmenté, spire cyclique.
L’égo superposé au divin Delta plonge,
D’en haut répercutant sa flamme happée au ciel.
Mais aussi le destin qu’en labyrinthe il ronge,
Caverneux. D’ambre s’emplit le prisme véniel,
Chambre où de miel s’enclot la crinière d’Ariel,
Lion cosmique aveuglé de cet astre au songe.
Le Suiveur, ce valet brumeux d’Aldébaran,
Confond l’image du voyeur en son écran.
Lumière, auréole Abraxas le chant du coq,
Comme un avertisseur au pied de Perséphone,
Picorant les grains moisis de ses épis, troc
Des verges d’or battant le cycle de son Trône.
O mystique noirceur d’un ultime équinoxe
Qu’en un mythe à l’Euphrate axe un tel paradoxe !
Inti, le dieu-soleil nage vers l’Orient
Ainsi qu’un ciel ténébreux qui gronde en riant.
Quand la rose fleurit aux jardins arabesques
Se pâmant, enlacée, bruit d’eau d’antiques fresques…

## X.
## Entre les Uns

Les ordres anciens, cosmogonie mystique,
Au sein Seth d'eux en boucle au-dessus du Delta
Inversé d'une Ankh dont, géométrique aura,
Se déploie la rose en étoile ésotérique.
Triple voie d'ondes d'une alchimie éclectique,
Se conjugue en leurs années la sagesse ultime
De la connaissance divine additionnant
Le multiple aux pas du fou sur l'échec mouvant
De cinq cours en damiers par sept portes, qu'un crime
Signe en croix d'une fleur mise en abyme, envers
-Architecture où de l'athanor des Enfers

Mate le chapiteau plein du creuset, un tiers-,
D'une pierre au cube incubant ses symboles
Frappe aux murs d'un temple inspiré d'un monde étrange.
Par des galeries dans la Terre aux nécropoles
Oniriques inspirant son émotion d'ange,
Germe en cocon de glace, autres mégalopoles,
Comme un cataclysme ardent émergé des fanges,
L'Eden d'Hespérides déployant ses phalanges.
Troisième œil vrillant son énergie créatrice
De l'arrière du crâne au front en cicatrice,
N'a cligné qu'un instant l'idéal souterrain.

Revenant aux clartés, l'éther de soufre est plein !
Paradis du jardin promis aux infidèles,
Se bâtit de son sang ce château, frisson d'ailes.
C'est le Qi samouraï d'un vil harakiri
Qui pénètre en les profondeurs de l'infini
Mis en abyme en son cortex métaphysique.
La métempsycose s'envole, ombre extatique.
Le rituel d'introspection en vivant
Se manifeste en soi par l'accomplissement,
Feu secret de l'énergie lunaire, au plein jour
Causant, fruit futur, l'or charnel de son retour.

## XI.
## Les Clavicules d'Orphée

S'enflammant en pyramide, or carré vénal
De serpents dressés, panique un oiseau martial.
Et tu pardonneras, non jusqu'à sept fois mais,
Oh ! n'ombre figuré, par les Poissons jamais !
O cordes de la lyre où Hélène enivrée
Aux cornes d'Albert d'ennemi fut délivrée.

## XII.
## La Membrane

Mère abattue dès la portée d'yeux, chamanique,
Dont la paternité serpente en la logique,
Par quelque voie d'une alchimie cabalistique

S'oxyde, adroitement, la coupe à gauche ouverte.
Verbe occis, cheminant enrichi de sa perte,
Chute de la couronne ivre une pierre verte.

Joyau roulant à l'aplomb d'un regard royal,
L'émeraude ensanglantée du serpent cordial
S'alourdit par les jours de ce retard fatal.

## XIII.
## L'Humaine Proportion

L'emplacement du germe, au feu brou condamné,
Correspond à la chambre de la Pyramide.
Corruption de toute sa substance humide,
S'élance alors le Phœnix. L'Œuvre est achevé…
Où de l'œuf se complète à l'intérieur le monde,
Son unicité naît explosant à la ronde.
Géométrie de l'Homme aux tours d'un ventricule,
Bat le clin solaire aux cœurs d'un zoo minuscule.

## XIV.
## La Reine des Abeilles

Triple voie parcourant le patron cruciforme
D’un cube astrologique, arc régénérateur,
S’engouffre un serpent à travers sa gueule énorme,
En juste direction de l’infini d’un cœur
Rouge sur noir en pique inverse s’engorgeant.
Trinitaire oudjat, son Souffle fond scintillant,
Dont l’ancrage est plombé au calice d’une aube
Dans la crypte obscure où sa servante repose
Fleuri, chakra cordial qu'il gifle en roue à aube.
Quart manquant sous la nuit de leur mystique rose,
Le fleuron du trilobe en boucle se renverse
Or que sa lance qui pleure au vert de l’Est perce.
Les métaux de l’humain caducée par le même
S’agglomèrent d’un jeu de purification
Quand revit le soleil de la putréfaction !
Si circule et se recompose son Tælesme.

## XV.
## Les Deux Vierges

Sève clarifiée d'un singulier martyr !
Au miel teinté s'emmêlant du sang de Kvasir,
Protéine enroulée, se nourrissant du Graal
Où s'arrondit le talisman d'un *nagakal*,
De sylves sous terre au cep d'un chêne païen,
Noyau lumineux enchevêtré de son lien,
Court un sanglier au fond de la galerie.
Un empereur crée l'égrégore d'Egérie,
Spectre réfléchi dans les brumes d'un cratère !
Mais l'horizon se meurt dans le sens de la Terre.

## XVI.
## Hérésie

Prier le Créateur, blasphème
-C'est le reflet scindé du Chrême.-
D'un trop semblable adorateur !
Deux fois tourne, idiosyncrasie,
L'aïeul du démiurge bifront.
Par l'égo, centripète humeur,
Hypostatique *idiotie*,
L'orgueil, géniale incarnation !

## XVII.
## Le Feu de l'Alchémille

Qui perlent à la toile, or, larmes de rosée
De la veuve noire en rose inverse abîmée,
Isis laisse tomber son voile aux yeux de marbre.
L'étoile du porteur de lumière, en réseau,
Construit une géométrie d'or dont, flambeau,
Irise un obscur océan primordial, l'arbre.
Iris guématrisant sa couleur idéale,
Sa reine occultant guérit, sculpture glaciale,
La nature infinie, d'un éclair brutal ; cille,
S'épandant ce spectre, en proportionnelle vrille.

## XVIII.
## Le Fruit fendu

Si le scribe à masque d'ibis chirurgical
Du cornet de son bec perce, le tympan sourd,
Djinn croissant de cet égrégore officinal,
D'Iblis le secret sécrète en l'orifice. Ur
Renaît des cendres d'un sable géométrique
Dont la structure oubliée se déplie, future.
Et ploie des temps la réalité vampirique,
Quand de la goule exhumée fraîchit la morsure.

## XIX.
## Les Bras-Serpents

Lumière émouvant sa teinte, ô sylve tragique !
Sur le pelvis caduc d'une sage panique,

S'ouvre en demi-cercle l'arc-en-ciel complet
Occultant aux binoculaires son secret.

Au parvis fuyant du miroir d'un singe scribe,
Reconstituée des cauchemars anciens, la bribe

Reverdit, pédoncule happant la fontanelle,
Du *Sahasrāra*, roue variant sa prunelle.

Déchu dans le Sahara de la matière,
Le satyre hideux se regarde en la rivière.

## XX.
## Larme d'extase

Des tréfonds de demeures tressées en réseaux
De filets s'abîmant des reflets de roseaux,
Nymphe irisée d'une alcôve géométrique,
Eclot comme un lys d'Egypte prédynastique,
De ses voiles soyeux déployant la membrane,
L'abeille symbolique en reine diaphane.
O douceurs engluées de venins sirupeux !
La druidesse initie, zombie voluptueux,
De son baiser mortel, et la semence incite
Telle une guêpe à l'os sa larve parasite.

## XXI.
## L'Oiseau de Nazca

Guidé par un symbole intime en le dédale,
L'amnésique à sa seule lanterne aveuglé
Suit la lueur où les signes l'ont égaré.
Décision divisée en voie pyramidale,
Le conduit d'un vieux rêve à l'exploration
L'âme de son corps, or que l'esprit, le fermant,
Calcule les cheminements de la raison.
Cet ardent désir va, toujours s'affermissant,
Jusqu'à périr au seuil où commence, et revibre
L'essor qui revit, et s'élance, sombrant, libre.

## XXII.
## Perfection chaotique

De la couronne, en émeraude prismatique,
Cahots d'un fronton renversé dans la poussière,-

Arc-en-ciel en éventail trigonométrique,
Mûre, du front d'un Titan porteur de Lumière,

Le Graal déploie la géométrie de son nombre,
Par la chair des Rois, métal solaire, incarnée,

Qui dissipe en tout esprit de matière l'ombre,
Pierre philosophale au sang divin teintée.

Voici semé le tiers de la manne cosmique,
En un clin d'œil perlée de ses larmes de glace

Dont s'abîme en spirale une occulte grimace.
Structure moléculaire anthropomorphique

Evoluant ce spagyrique Eldorado,
L'aurige avance, flamboyant, sur son radeau.

## XXIII.
## Syzygie de l'Hadès

Sourdement distillée comme un flot qui s'abaisse,
Mélancolie dont l'arpège, douceur fébrile,
Egrène les sanglots de son aura gracile,
La nostalgie frémit, soupir d'une caresse.
Des vibrations d'un flux jusqu'en pulsations,
Terni par le marnage en noir des émotions,
Nage apaisée d'émois lassés aux profondeurs,
-O vigueur délaissée des parfaits abandons !
Les élans de l'éther, jamais ne s'éternisent.-
S'aggrave, involuant la gamme des couleurs,
Le prisme cristallin dont les larmes se brisent
D'un chant aux pleurs pareils à des cordes de verre
Sur la membrane en chute au-delà sa frontière.

## XXIV.
## Nuit venteuse

Les soupirs vont dans l'air, des esprits malfaisants.
Dont le volet rabat sa porte grossière
Comme un soufflet bravache à la face pensive
Le valet, sa cravache au nez des trop-songeants
Souffle hargneusement la flamme irrégulière.
Nadir, son voile excessivement droit dérive,
Navire arachnéen d'un astre ancien sombré,
Vers la lueur sans fond d'un abysse bleuté.

## XXV.
## Le Théorème des Sciences

Cape jaune effilée au vent des trahisons,
S'enfuit dans l'air de l'esprit la sagesse intruse.
Sans fin, replonge en soi, de sapience infuse,

Serpe d'or fourchant de Saturne les moissons !
Au fondement pulsionnel de la pensée
Le chien fou du philosophe, ultime percée,

Revient avec cynisme au labyrinthe, Archée.
Telle une sylve animée d'une vie logique
Impénétrable, où était arrivé l'unique.

## XXVI.
## L'Objet

La malédiction est jetée,
Pipant l'envie, l'hydre est sauvée
D'un serviteur au guet-apens.
L'amy, attends un peu, attends !
Resplendit, chevaleresque ordre
D'angles d'or d'une table ronde
Que ses rayons ploient à distordre,
La roue cosmique ourlant son onde.

## XXVII.
## Les Deux Mouches

Deux mouches me harcèlent :
Belzébuth veut distraire ;
Qu'air de luth, ensorcèlent
Les parfums d'un rosaire.
Toile de veuve noire,
L'étreinte maternelle

De cette main-de-gloire
Etoilant sa prunelle
Chiquenaude ironique,
Joue d'un duel au fleuret,
Grain de beauté discret,
Joue qu'ornant qu'une pique,

L'iota d'une larme
De sa bouche désarme.
Errements animaux
Qui se rentrent dedans,
Ces tout petits corbeaux,
Sont chassés par l'encens.

## XXVIII.
## La Place de l'Hoplite

L'égrégore ancien d'un cercle de rocs dressés,
Tel un temple vivant des druides de Gaule
Parachevant la tradition guidant son rôle,
Boussole d'un cromlech nourrissant des passés,

Reproduit sur le modèle entier du Cosmos
L'équilibre agissant qui chasse l'incomplet.
Comme un cube épandu parcouru, court, secret
D'une hydre aux têtes multipliant leur *logos*,

Le plus court des chemins au cœur où s'imagine
La voie quantique élargissant son origine.
Gare aux miracles ! Silence, érudition

Muettement germée, rose en sa graine enclose,
Au moins pour le temps long de la maturation !
La pression attribuée à l'instant juste explose.

## XXIX.
## L'Artiste

Viril *harakiri* dans son trèfle ajusté,
Le Vertu poignardant, lâche, un serpent sans âge
Bat du représentateur injustifié.
Par la force, il triomphe et se moque du sage.
Et son âme rejoint l'ancien *Bah* prisonnier,
Comme un souffle expiré dont l'esprit le soulage
D'un essor contenu dans son sein supplicié,
Dont fait la momification son mirage.

## XXX.
## La Membrane du Rêve

O matin sans éveil aux langoureux vertiges
Tel des neiges évaporées, poudre blafarde
De la nuit poussiéreuse, évanescents prodiges,
Soudain s'illumine, or vermeil dont il se farde,

Le battement émerveillé de perte hagarde
De l'éblouissement complice où tu l'affliges.
D'un rêve le poing frappe où la fée le regarde,
Si proche encore, à travers d'infimes ogives

Que l'éclat vitrifie, dans le règne du Jour,
Emprisonné par le joug du présent si lourd.
Mais l'exilé pressent, réminiscent espoir,

L'instant pressant où se retrouvent, méconnus,
Les soupirs oniriques, d'intuitions confus,
Pressant ce souvenir au-delà du miroir.

## XXXI.
## Les Demeures dionysiaques

D'angoisse qu'il se retourne, et ne se déchire !
Fais donc à l'âne sage un lit dardé de roses,
Que si, perles de rosées d'une âme martyre,
Damier recoupé de folles métamorphoses,
Sont transformées de ton cerveau les connexions,
Boussole interne aux trop justes illusions !
Car le vampire absoluteur se nourrirait
Des cerneaux éclatés de cette chair limpide
Comme une ablution sanglante en son lipide !
Ivresse inachevée de l'infini secret.

## XXXII.
### Le Ciel étoilé

Hymne barbare à travers des lierres de bruine,
Lys isiaque resplendissez de Mélusine !
Voici fleurir la Gnose en vos vers faustiens,
O géant tombé de l'arbre fondamental !
Les larves de nains grignotent le liège où, liens
Des fées, barrent les sortilèges du Walhall
Un fourmillement génétique de coraux,
Barrière de songe infime aux firmaments faux.

## XXXIII.
### Profanation sacrée

Reliques éclatées d'une momie de Pan,
Relie les arcs énergétiques, talisman
Manquant, un membre de l'Adam-Kadmon épars.
Jusqu'au réagencement complet, par les Arts
Des forces cataclysmiques, le dissemblable,
Par déchirements, se décompose, innombrable.
Et, pour finir, se reconstitue, intégral,
Quand, cycliquement, tout revient au point fatal,
Relancé d'un rien, de son centre marginal.

## XXXIV.
## ¿Y que ?

Pourquoi trivial en lettre grecque ramifié,
Le chemin parallèle glisse, unifié.
Pan de glace échauffé, un prisme en diagonale
Défait sa révolution en vrille fractale,
Dimension hantée d'infirmes lépidoptères.
Crucifixion déviée en matrice ignifère !
Mais de toute façon s'aimante le mystère,
D'un éclair intérieur, cartographie des Sphères,
Arc-en-ciel d'un buisson s'enflammant soudain,
Figure anguleuse aux plis fuie d'un reflet plein
Sur les faces d'un château de cartes étranges :
Encor s'emportant à la musique d'airain,
Fréquenter un peu plus le milieu des Anges.

## XXXV.
## Les Anges Noirs

Messager occulte au cœur de l'arbre étoilé,
Par son incrustation soudain décollé
D'un envol embrasé de frissons de phosphore,
L'*Achérontia*, sphinx à tête de mort, dévore
Le pommier avalonien de la Connaissance.
De la coupe du fruit, mystérieuse évidence,
S'abîme, d'arsenic, astre géométrique,
Le Divine Proportion de panique humaine.
Organe d'Osiris par la glaise adamique
Substitué, l'iota dérive à la traîne
Du Gange cosmique où, quadruple source, expulse
Le cœur où renaît le sang nouveau qu'il impulse.

## XXXVI.
## Stupeurs

Le contrechant du balancement harmonique
Où se contredit chaque être, occurrence unique
Contrefaite à l'idole imitée par l'envie,
Se complaît activement à sa singerie !
L'escalier imite en fronton la pyramide,
D'autant que grince Hermès en la poussière humide
De son colimaçon tout neigeux de pollens.

Alcatraz scindé d'inaccessibles Edens !
Afin que s'accomplisse, essors de la Passion,
Activez-vous, soufflets de sa consomption !
Les cornes de l'Hydre en leurs cerveaux animées
Brament en négatif, perçant l'huis des ondées
Que domine en reflet la lumière qu'il porte.
Les volutes bélières ont franchi la Porte

Des volontés contradictoires, dames blanches
Entraperçues, soupirs des vaporeux dimanches
Ainsi que les regrets, vestiges effacés,
Sourdement alourdis des vertiges passés.
Du trident foudroyé du Père de Personne,
Tombe à terre, éclatée, de Kronos la couronne.
Macrocosme qui gronde à travers sa lucarne,

L'essence, du vivant se corrompt et s'incarne
Attisé par les esprits d'un feu souterrain.
De Messire Gaster l'athanor, fiel caprin,
Sépare en la Nature un Art élémentaire
Qui, cuit par la putréfaction primaire,
Cristallise enfin, de la Destruction complice,
L'or divinisé de sa négligeable épice.

## XXXVII.
## L'Oculus

Des hauteurs se grisant par l'éther du Cyllène,
De la petite mère, Isis maïeutique
Bourdonnant aux abords des secrets de Silène,
S'abat le coffret à Pandore offert qu'imbrique
Le déploiement de sa rose géométrique.
Etoile d'araignée en croix se dépliant,
Se répercute en sa boite aux miroirs gravés
Les symboles, aussi littéraux, complétant
Les célestes métaux en arbre décuplés.
Ainsi s'imagine en lui-même un polyèdre
Où fleurit tel un joyau ce Graal fils de Phèdre.

## XXXVIII.
## Le Travail cylianique

Cataracte étincelant d'hologrammes, bleu
Refoulé d'un monde ancien de glaciers où pleut,
Sous la lune brune où fleurit la brume blanche,
Phlégéton d'un tympan de sapins éplorée,
Une ogive, en végétation évaporée,
Dont s'effacent les ciselures de pervenche,
Rencontre à l'aube un preux deux pauvres homoncules.
Brutalisant de coups de pied les ridicules,
D'un rêve dans un songe appelé, l'oniriste
Aux creux remords éveillé descend de ses pierres.
Abandonnant l'étude en vain des bas-reliefs,
En arrière à regret délaissant leur sort triste,
Tandis que se referment les rideaux de lierres
En cascade arrosés de ces sylvestres nefs.

## XXXIX.
## Colonie

Une passion s'essaie à la preuve infinie,
Quand, morsure succincte, instille une ironie,
Fille d'un manoir secondaire, en une armoire,
Défaite, la confiance en cette chambre noire.
En chemise de nuit, accroupie, se terrant,
L'espiègle amusée craint le remord d'un parent.
Par les couloirs risqués, plaquant l'un, l'autre mur,
Cache ombragée d'un pion frictionnant son sein dur,
La faux file à son fil, suivant comme un falot,
Blotti par les recoins d'escaliers oubliés
Buttant aux miroirs de trompe-l'œil éclatés,
Le cri tu du fugitif mimant son écho !
Dans ce placard froid serrés avec une goule ;
Attirée d'ultrasons, pressée, se joint la foule.

## XL.
## Midgard

Du royaume incertain aux faillibles milieux,
Par les tubes cosmiques, en de certains lieux,
Au fond d'un tertre celte en spirale aspiré,
Dans l'*isba* qu'un chaman d'un cercle occulte irise,
D'une tente de peau d'un trou dans la banquise,
De sinueux serpentements sur le sentier,
Aux murs fuyants d'un temple aztèque ou de l'Euphrate,
Entrevu d'un éclair au tournant du rocher,
Le tunnel s'ouvre, pour qui sait l'imaginer.
De sa seconde vue créatrice, un primate
Qu'en pléthore son cerveau courbe vers la terre
Se souvient d'un ailleurs qu'il projette, hémisphère
Primitif que l'écho de l'avenir éclate.
Mais par le jeu fatal du destin hasardeux,
Le rhizome aérien ploie son élan noueux.

## XLI.
## Le Talisman Réel

O Thot, roi des scribes, que l'on dit Trismégiste,
Pour les choses du bas et du haut mimétiste,
Métamorphose mortelle au tombeau, du prisme
Inscrivant sa tablette, imitateur divin.
Emeraude géométrique au mécanisme
Empli du principe abouti d'un Œuvre au Noir
Actif pour le seul participant du déclin.
Autophage serpent, ô Prince du savoir !

## XLII.
## Le Père du Fou

D'un marigot brumeux sous les saules plaintifs,
Parmi les branchages, liserons s'écartant,
D'un royaume des fleurs égaré en pleurant,
Le chevalier au cygne, aux papillons captifs
Chante en secret la mélancolie de la gloire.
Quand sur le lac, triomphant, surgit à la lumière
Le combattant vainqueur ! Sage, sublime histoire,
La corne sur son cœur à son amante entière.

## XLIII.
## Aparté

Chrestisme

Organe fixant l'imagination divine,
L'Homme trahit l'Archonte, au Grand Père ignoré,
Caricature abjecte envers sa cécité.
D'une Vallée de larme amère médecine,
Bourdon jusqu'à la lie décantant l'unité.
Lion surgi des mers dont le crin s'illumine,
Le Dragon fauve abjure, aux têtes couronné
De prismatiques bois, le reflet qu'il devine.

## XLIV.
## Les Treize Feuillets

Sacrifice de l'homme abritant l'Initié
A l'ultime Arcane échangé par son oracle,
La Voie pensante est érigée de son obstacle
Du songe au front haut de cette échelle élevé.
D'un terreau noir par un égyptien miracle,
L'esprit, car le biais de l'âme, est conservé.

## XLV.
## Dans un autre monde

Chambre haute où l'initié des formes physiques
Mangea du lion, du Roi trahi la raison
Bâtit un royaume éternel de profusion.
Par la manifestation des cycles cosmiques,
Voici s'accomplir l'Art de la Rédemption.
-Juste avant d'achever la manifestation
Par la porte triangulaire aux cieux uniques.
Les deux se plissent quand le troisième s'entrouvre.
Soudain rectifiée de sang la terre se couvre.

## XLVI.
## Protée Trifrons

Esus queue de gavial,
Le chevalier du Graal
Avatar mort d'Yvain,
Se mord, serpent divin.
Quand, le druide écorché
Dans le chaudron renaît,
Par de Maïa porté
Le trône, au feu secret.
Concave humanité,
Parchemin disloqué !
Pyramide maya,
Le souffrant éveillé,
Rose en sa boité noire
Que caricatura,
Signe en miroirs croisé,
Eclos, l'arc de clarté
Tel un lion en gloire.

## XLVII.
## Le Droit Chemin

Poser le pied sur l'illusion d'optique au gouffre
Superposée, par la foi dont l'ignoré souffre
A travers l'indice abscons de sa connaissance
Conférant au désir l'indicible assurance.
L'eau ignée s'écoulant d'impassibles blessures
Des courants du passé goutte en faibles murmures.
Fidélité filiale au-dessus surmontant
Des fausses lois de sa marelle au pied buttant
Comme au roc d'un calvaire. Inversé en son deuil,
Par un savoir pervers, franchir le trompe-l'œil.

## XLVIII.
## Baal Octopode

Dédoublement d'une méiose en fleur de sang,
Comme une araignée-mère un monde déployant,
Se renferme l'ouroboros entrelacé.
Où dans les profondeurs d'un abîme innommé
Respire un dieu céphalopode araméen,
Qu'en or décompose un nadir céruléen
Repoussant de sa plainte écumée d'encre l'ombre,
Le serpent voilé, du temps contemple le nombre.

## XLIX.
## Les Cités Mortes

La tanaisie y croît, et tout n'y croit plus rien.
D'un songe contracté, d'esthétique iranien,
Voleur d'âme, cliquette des nuits le cafard.
La sérénité d'alors n'est qu'un cauchemar
Qu'un ange mort d'arachnidée débile habite.
En peuple pluvieux d'aveugles cénobite,
Le Cri montre la voix, d'un temple «postmoderne ».
Des atomes humains devant, l'or se prosterne.
L'aurore, en géométrie, se tait et dessine
La contradiction de sa nature divine.

## L.
## In Gnosis signo vinces

Gêné par l'épée cruciforme en son thorax,
Le dragon dont la bouche est l'entrée de l'Enfer
Dévore son cœur en le cycle d'Abracax.
Coq solaire, il frissonne aux pieds de Déméther
D'un spasme agonisant sur son nid de pavots.
O couronne promise aux blasphèmes dévots !
Ataraxie succédant la métamorphose
D'une incarnation génétique détourné,
Seth, en robe jaunie d'Iscariote ignoré,
Franchit l'œil du serpent comme une ogive enclose.

## LI.
## Rictus

De temps à ressort doivent s'enivrer les dieux,
Afin qu'en remontant, tout soit plus harmonieux.
Eperdument, c'est le statique balancier
Qui garantit au Monde sa stabilité !
C'est le demi-sourire au clin d'œil, éclatant,
Du regard d'un tiers en biais se renversant,
Comme un fantôme au front cornu, fumant giré
D'un fronton tel un feu d'artifice éraillé.
Basculant, le démiurge héraclitéen,
S'abaisse pour se contredire. Et quoi de pire,
Sous les yeux du philosophe humant comme un chien,
Qu'un tel jugement empirique injuste d'ire ?

## LII.
## Dāleth

Delta d'une porte ogivale où son œil s'ouvre
S'inversant ainsi la pyramide du Louvre,
Quadruplement au Royaume où, matrice d'âme,
Vers les sylves de l'Est dont se replie la Dame,
Triple retour du Mat en la rose étoilée
Au cœur, tel un serpent, de la pierre écartée,
Se matérialise, incarné le Premier Fils,
Brandit ses lauriers triomphants Sophia Pistis.
Hologramme aux miroirs de son centre cyclique,
Hermès Strophaïos, Monade Hiéroglyphique,
Croise le tronc où s'élève en fumée sa flamme,
Cornes couronnant l'ascension du Bélier.
De l'origine à venir se love le drame.
Le Fou *diabolique*, élargissant de pitié
Les cercles harmonieux d'une Mâat chaotique,
Plonge ainsi qu'un python dans son cœur concentrique.

## LIII.
## L’Eternel Décalage

Spire horlogère, bouscule au fil de ses cercles
La boule en boucle roulant aux creux des couvercles
D’un vase ovoïdal, le balancier. Tendu,
S’étire, dévié le pendule incongru.
La barbe semble pousser, or, de l’inconnu
A ma droite, à vue d’œil. Signe géométrique,
D’un sigil caché, le hurlement goétique
Tisse son tracer astral au pli de l’ourlet.
Pieuse sorcellerie des puissants crus justes !
Le cliquetis, pique unique à minuit, panique !
Du trompe-l’œil se met en abyme complet.
O crudité de ces morcèlements si frustes !
-Terrestre sphère, *huis* tel un flux tellurique !
Ah ! Rien ne manque au borgne univers contrefait.
Nostalgie anticipée d’avenir cyclique
En les variations du céleste ballet !
Alors, le mystère entier germe en son secret.

## LIV.
## Le Démon tutélaire

Buvant au téton du Diable un vin de souci
Qui remplit sa bouche au baiser parlant meurtri,
Dévoré par la *Bocca della Verita*,
L'absent se souvient de la mer dont il monta
En croupe de la bête en sa vierge de fer.
Arc d'un spectre électrique englobé d'un éclair,
Fuyant, le négatif d'une image fantôme
Se colore et récite au petit faon un psaume
Appris des cruautés d'une innocence abjecte.
Déchirant son cocon, naît à sa nuit l'insecte.

## LV.
## Explication

La fuite de l'aimée pour mieux la conquérir
Ressemble à la croix de Pierre le martyr.
Reniant par l'inversion l'aversion de son ombre,
Pieusement, le lépidoptère enflammé sombre.
Il se recroqueville et rentre dans le mur
Comme un oiseau dans le trompe-l'œil d'une vitre.
Contre le verre écrasé bat le pauvre pitre.
Quand, pour seul ressurgir, il plonge vers l'azur.

## LVI.
## L'Hémisphère mourant

Le Chaos cosmique, ordre universel, s'achève :
Au milieu du dodécaèdre concentrique,
Sa trigonométrie, en merkaba pythique,
Trace les égalités de leurs soies de rêve.
Crevant la membrane étoilée de son pentacle,
Le distordant d'un baluchon, le damier, racle,
Chaste fol sur le sang de la putréfaction,
Le héros plaintif devenant par l'action.
Tendant les fils glyphiques par ses clous glissés,
Les corps se reforment, dessins écartelés.

## LVII.
## Le Retour du Nocher

« Le but du philosophe est de devenir subjectif. »
S. Kierkegaard

Hantise familière au chalet dessiqué
Tout près d'une grotte aux cascades du Léthé,
Des lieux jamais connus la Pseudomonarchie
Se retrouve, odieux songe, en une auberge amie.
L'hyène fécondée par sa propre semence,
La vie étrangère aliénée à sa planète,
Sainte conception, aux chairs structurées s'arrête.
Le serpent dans l'humain rêve en sa ressemblance.
Champ de fourmis écrasées sous les nobles flèches
Des preux guerriers alpins, l'unique ennemi
Eveille encor l'ardeur d'invisibles flammèches.
Le flux céleste en son sein plonge harakiri,
Kimono ceinturé sa fréquence élevant.
Le quatre inversé d'un signe anéantissant,
Par sa bénédiction, les lucifuges gris,
Au Delta superposée de l'Esprit ternaire,
Du Cauchemar bipède en féroce jument
Grognant de ses crocs rauques, repousse les cris.
Laps d'un éclair muet imprimant son suaire,
Le symbole inversé couronné de sa pierre
Rigole en le méandre imprégné du creuset
Où son esprit condensé, talisman, renaît.

## LVIII.
## Le Privilège

Simonies d'un cheminement dubitatif,
L'étrangeté d'un raisonnement instinctif
Franchit de la Douat, demeure souterraine
Et solaire, les portes vers une fontaine
Résonnant leurs reflets de miroirs en abyme.
Deux fois plus haute, au loin, grave, il gravit la cime.
Les cités mortes traversant qui se révèlent
De la vie à rebours dans l'air d'argent d'un rêve,
Tel un éveil où ses lignes damées chancèlent,
Le passant des damnés suivant les signes crève
La membrane troublée de quelque ogive astrale
Qu'au Passeur paye, en son regard, la Nuit fatale.

## LIX.
## To be

Je joue, serein, l'*idiot* inné que je m'assigne.
Une docte ignorance m'enseignant s'indigne !
Car c'est la loi saignante. *Ex nihilo* construit
Le destin la volonté ; le reste croupit.
Le corbeau vole ainsi que l'aigle mugissant
Qui fond du bas vers le haut son vol s'agrippant.
Et, messager des dieux, il sait. Mais, vis-à-vis,
Le miroir vide attrape un trait des infinis.

## LX.
## La Larme de l'Oudjat

Un léger décalage, et le flux se distord
Qu'il faut suivre, pour qui veut comprendre à tort.
Comme un rêveur conscient s'éveillant, sur le dos,
Dans l'harmonium du Pandémonium d'un souffle !
C'est ainsi que le droit chemin songe aux nouveaux.
La perception mue du réel vivant la moufle !
Tel un ptérosaure écartant ses doigts transis,
Gants organiques palmés de chauve-souris.
L'œil sans pupille, ataraxique, émerge un râle.
Subtile inflexion de glande lacrymale
Que l'éveil du Bouddha, de félin dans l'iris
Retrouve de Vénus Cypris, sombre *bitis* !
La compréhension meurt où sa haine s'exhale.

## LXI.
## Mythe parallèle

Dans les vapeurs du cornet qu'un Touareg renverse,
Paraît un esprit cornu qui des gonds se berce
Aux portes d'un trou bleu du Loch Ness limitrophe.
Ces grottes affleurant au trouble, catastrophe
Tournant comme un cocon formant une dagyde,
S'ouvrent en chute d'eau où l'on glisse en zigzag,
Le fugitif singeant d'un livre osiriaque.
Par les volutes cuivrées d'une voie humide,
Narghilé des éléments en cornue, *Montag*,
Pulvérise ton souffle asséchant d'ammoniaque !
Démiurge léonin aveuglé par la torche
Dont il puise à la lumière un cri qui l'écorche !

## LXII.
## L'Eclectique des Songes

Comme un petit vortex, chaque être se nourrit
Aux lueurs colorées d'autres qui l'environnent.
Rendant visible en ces mélanges qui résonnent
Leurs auras, la spirale d'or où se construit
L'insondable unité dont les flux se compensent
Epand sa lumière. Et, pulvérisation
Des temps, les voluptés dans la poussière dansent,
Craquantes fées acridiennes écartant
D'un rictus végétal cette verte illusion
Un masque gracile or que retentit un chant
Où vibre la musique en sa pulsation.

## LXIII.
## L'Oméga

Burlesque tragédie, merveilleuse ignorance
Où se révèlent les secrets de l'innocence !
La compréhension à la haine confine,
O mystère d'une draconienne origine !
L'Araignée divine un destin dont la distance
Revient toujours en son cœur pour croître, et s'élance,
Tisse, inexorable, au soufflet de cette bruine.

## LXIV.
### Silence martial

L'éclosion du Monde est multiple ;
Tel son retour en boucle triple
Aux vampiriques épouvantes,
De ces chrysalides vivantes :
Renfrognant leurs noirs yeux bas,
Nage un appel d'inconnus bras.
Des katanas ouvre la gueule
Où la vie se retrouve seule
A dragonner sinueusement
Vers un courageux firmament !

## LXV.
## L'Enigme de la Sphynge

Les volutes parfumées montant de ma pipe,
Comme un cortège d'intimes pensées dissipe
Les esprits mesquins que la nuit fait venir,
Ainsi qu'un encens, s'effarouchant, mon désir
Se mêlant à ces nuages neigeux d'Amours,
Décante en un soupir sur son lit de velours.
La chandelle ivre au rythme ourlant de la musique
Vacille comme une âme à la lueur pathétique.
Mutilation de l'incomplet Androgyne,
En ces limbes d'ennui, ma langueur t'imagine !
Je songe à l'inconnue si proche et impalpable
Qui d'un regard perce la roche où je m'ensable.

## LXVI.
## Moudhif

De l'invisible effleurant, voilure tactile,
L'aile élastique et ridée du ptérodactyle,
L'oniriste aventureux pressent tel tout proche
Un présent parallèle en soi comme un reproche.
Fouillant de son cerveau la coque, un volatile
Y trempe sa plume acérée d'ibis, d'un noir
Sympathique, avec la sagesse du reptile.
Dessous le porche où des pluies le vieillard s'abrite,
Son grave désespoir vibrant dans le miroir
Où, dans la pénombre, un vannier pauvre habite,
Fuyant le jour, presque en intrus veille au couloir
D'ogive, hutte en roseaux de Mésopotamie,
Abîmant sa toile d'étoile en galerie,
Profil cyclopéen pris d'un sphinx deltoïde
Tel un ardent faucon perçant sa chrysalide.

## LXVII.
## La Pierre de Soleil

Pierre de soleil fragmentant
La lumière, alvéole à naître,
Sa géométrie ajustant,
Le prisme ouvre un archéomètre
Dont les Séphiroth sont l'écran.
*Nagakal* de chakras au pied
Se déployant, d'Astarté,
Dont la corne en Seth redescend.

## LXVIII.
## Pieds nus

L'humain être est flatté par un esprit mauvais,
Et chaque fois avec fidélité revient
A la source putride, enlaidi tel un chien !
Bête noire immolée à l'orient des traits
Tracés par un firmament d'ogive gothique,
Toujours il croit boire à la source de Jouvence !
Mais tandis qu'enivré par ces routes, j'avance,
Le fil du temps astral, raidi, sphère cyclique,
Se tend d'une spirale dodécaédrique.

## LXIX.
## L'Amour de la Sagesse

Factice variété des espèces terrestres,
Les possibles d'or ne sont pas même accomplis !
La potion qui gire au creux du Vase d'Or
De l'universelle spagyrie des psyllestres
-La *Philosophie* naît, et n'est que des gambits,
Renaissance ignorée de ce Livre de Mort
De l'unité divine en chaque être éclaté.-
Reconstruit, blanche aube, ainsi qu'une architecture
L'avenir dans la nuit du Cosmos étoilé
Dont se tendent les fils à travers le néant.
Déchaîné du sage chaos de la Nature,
Lion émergé du primordial océan !
Sachant que le Porteur du feu veille au détour,
S'éclairer d'un œil éperdu par cette cour.

## LXX.
## Le Creuset cornu

Vagissant envers l'Archonte séparateur
Ainsi qu'un septuor bravant son géniteur,
Le Verbe sera tu par un fils transgressant
La loi purifiée de son cœur dans le sang.
Par la parole enfantant l'autre Hermaphrodite,
Du serpent la tragique morsure était dite.
Rauque éclat surgissant de la lumière en gueule,
Mugit en vague indomptée un bestiaire veule.
Mais le sage Dragon à sa progéniture
Veille ainsi qu'à l'astre enlacée, l'hydre mature
Dont éclos d'un machiavélique origami
La complexité nouvelle et morte à demi.
Pluvieux comme un carton rigide, et plus plissé,

Vieux valet de pique en un profond panier,
Il est un courant las qui traîne sur son rire.
Appel d'air empli d'esprits lucifuges, gire
A la rive empestée d'un Gange empoisonné
Le spectre coupable en un râle vaporeux.
Mais dans l'huile souple en son ménisque poisseux,
Se balance un Mercure au creuset surnagé.
O charmantes fées-fleurs à cette ouïe bourgeonnez,
Lotus né d'un *skoal* de feu sur l'eau troublé !
Tel un yak au fronton d'un temple minoen,
Le chymiste égaré dans son for se souvient,
Dieu cornu d'un château de cartes s'égarant
Ainsi qu'un fol en son miroir le contemplant.

## LXXI.
### Rengaine démagogique

Comme une cheminée mimant la fontanelle,
Tâtonnant, qui remonte, humant sa fumée d'aile,
Un envol craquelant émerge des vapeurs.
Et d'un fracas d'airain de ces disques aux heurts,

Ne rencontrant jamais le tout proche complice
Glissant sur une autre couleur dans l'interstice,
La démarche crustacée du fou d'un pas faute.
Marchons, qu'un sang hybride arrache au bouc sa côte,

Reniant par régicide, entrée cordialement,
La suprématie hérétique du Serpent !
Errants du marchepied, montez sur la felouk !
Le dandy se défile en biais, d'un divin look,

Et crée avec verve une vérité plus haute,
Pluie grinçant sur son sternum de chevrons en cotte,
Dont se réifie par son ordre la clarté
Comme un jeu de treize à nouveau remélangé.

## LXXII.
## La Cornée

Comme une lampe à huile aux parfums embaumants
Plus doux que les cheveux sinueux de l'encens,
Fin des passions, la Mort libère son esprit,
Faux triangle aligné d'un Dāleth en repli
Tournant telle une porte en serrure plongeante
Où l'Oudjat est collé ruisselant de pleurs,
Dont la spirale danse au flambeau vacillante
D'Astarté portant la lumière à ses couleurs.
Elever l'animal en le dégénérant,
C'est être l'imagé d'un mauvais démiurge.
L'Esprit donc, parmi les plus élevés s'insurge !
L'âme d'un falot s'immerge et crie en tremblant.
Nef d'un moudhif prédynastique dont les cernes,
Demeure divine tangue et vrille aux lanternes,
Comme un siphon balayant, son oreille aspire
Un chant qui ratisse, anéantissant, sa spire
Dont d'un iota sonnant la Musique de Sphères,
Le glas rassérène en Eden zen ces mystères.

## LXXIII.
### Ora pro nobis

Rouages de chakras structurant l'univers
Par le nombre activé du Cosmos à la vie,
Révélant d'or son invisible horlogerie,
La machine cursive fragmente à l'envers
Son discours fractal dont les deltoïdes en portes,
Courant sous la forme d'aériennes cohortes,
Se démultiplient de l'abîme reflétés
Aux miroirs déformants d'angle à ciel retournés.
Création désespérée d'un lion aveugle
Illuminant de ses couleurs l'autre ténèbre,
Naissant du feu du Bélier, l'Hermès des gonds beugle
Tel un long grincement, se cabrant comme un zèbre
Qui traverse furtif sur ses pattes arrières
Une forêt vierge environnée de tonnerres,
Affrontant un faux frère ami d'au creux du val,
Chevalier poursuivant sa structure. Et martial,
Le Sagittaire pointe avec sa flèche un arc
Qu'en sa teinte entendit une trop sainte d'Arc,
Comme un phœnix plongeant dans son sein son bec, pic
Picorant le serpentement d'un basilic.

# LXXIV.
## Le Roi couché

Chasseur sur le parvis d'un temple carrelé
De rouge sang et de noire putréfaction
-La sangsue et le corbeau-, feu de l'action
Consumé, plonge au tempétueux échiquier
L'essor contemplant l'éternité de sa chute.
Et les trois si se rencontrent, tout se permute !
Quand, soudain, dans sa fuite, un lion verdoyant
Surgit ourlé de ses boucles ondoyant.
Et se mordant la queue, le fauve se crée, lui
Qui n'était que son corps, sous la lune qui luit !

## LXXV.
## Le Cadran polaire

Origine ancienne en les sables d'Uruk,
Dāleth pubien en parvis fléché s'érigeant
Versé, la sève pleut servant, au coin d'un souk,
Fumant, cruche cassée d'un alambic l'Errant.
Lumineuse en l'Oudjat, matérialisée,
La porte sacrée apparaît dans la fumée,
Vibrant, des nécromanciens triangle, entrant dedans.
Ainsi qu'en une sylve aux cèdres odorants
Le démiurge mangeur d'eucalyptus, déluge
De l'Archée, se replie, fugitif lucifuge.
Remontant, qui le construit, son flux mécanique,
Se visse en nautile un coffret géométrique.

## LXXVI.
## Le Lion indomptable

Prudence du Serpent, fleurit la Connaissance
Que les danses pointées par des doigts bouquetins
Evoquaient des sabots signés de sa puissance.
Des flammes colorées vont les spectres malins
Eclairant pour mal faire un secret aux crétins.
O crête de montagne en leur crâne, primate !
Un homme a murmuré l'innommable sulfate.
S'il faut l'apprivoiser, le lion indomptable,
Que la faux ralentisse à fleur de cette Table !

## LXXVII.
## Retour à l'Ogdoade

Par gestes très-précis mais comme dans le vide,
Les fils sont tendus de la torsion qui se ride.
Comme une veuve en blanc par la corde entravée,
Mise en abyme d'or d'une toile étoilée,
La Mère des Larmes ravale un sanglot rouge
Dont filtre la verdeur par sa chair diaphane.
De la nuée lumineuse, or que rien ne bouge,
Du Chaos primordial émerge en sa membrane
Le modèle inconnu d'une *idole* incarnée
Remontant, sourcière en ses remords sublimée.

## LXXVIII.
## De la Crainte du Serpent

Remerciant par terreur d'un savoir inconnu
Les Filles de la Nuit ayant terrassé l'hydre,
L'homme habitera le ventre du Serpent, nu.
Revêtu de la forme mammifère où, cidre,
S'écoule un sang né de l'amer fruit recelant
Le pentacle scindé, vient le lion triomphant
D'un avenir crépusculaire remonté.
Du Livre de Thot l'Arcane manifestant,
L'ivre de son venin tôt porte la clarté.

## LXXIX.
## Li Ber

Le Baron

Appartements ternis d'une vie antérieure,
Aux moquettes brunies des années désuètes
Pas tant lointaines au *ringard* buttant l'arête,
Apparemment rouvert de sa vue intérieure,
Le réfugié visite en songe sa demeure.
Si loin des étrangetés de grottes inertes
Aux confins des forêts aux portes trop ouvertes,
Il est une auberge aux résidents abrutis
Qu'aime à retrouver de tous ces destins meurtris
La métempsycose enfin toussée dans la nuit
D'un dormeur sur le dos qui des rêves s'enfuit.
Libérant de sa servitude le baron,
Bifrons mouvant, Narcisse, affreux, se fait affront.
Première étape d'un pèlerinage obscur,
Le contemplateur des trompe-l'œil fait le mur
Que longe son gardien, valet d'épée de mime.
Se trépassant soi-même, l'œil connaît un crime.

## LXXX.
## Gens

Quand on aime, il faut savoir contenir un flux
Comme, or qu'on haïssait, telle une orque au dauphin
Offrant un baiser voluptueux et marin.
Que s'attarde l'espèce au reste du surplus !

## LXXXI.
## Les Tables du Démiurge

Voyant, Gabriel a trahi l'aveugle fauve
Pour mieux par l'inverse servir qui ne fit rien,
Comme un jeune égyptien adepte au lion chauve !
Car s'il n'était le dévoué du plus ancien,
Le traître à robe jaune eût accompli son lien.
Par compensation, le pendule vrillant
Des attentions pour l'autre apaise suspendant,
Cependant qu'aspire, harmonie de chalemie,
Le Nectar vivant, cette émouvante alchimie.
Vertueux qui est prudent, tel un dragon plongeant
Sa tête dans son cœur revit en le mangeant.

## LXXXII.
### Erichtianos

Tel un magnétisme au pouvoir centrifugé,
Je veux nuire à ton corps, ton âme et ton esprit,
Les chiffonner comme un papyrus déchiré
Jusqu'à ce que le souffle immanent de clarté
Repousse en un nouveau cycle ce vain repli.
Influence astrale aux fleuves convergeant chantes-
Solitaire et triomphant-tu des eaux vivantes
Où s'élit le Dragon sur l'infini, de l'huile
Versée de la carafe en feu d'Elie, subtile,
Etreindre l'invisible en l'Idée retrouvé ?
Thouéris, hippocampe en spirale enfanté
Se reproduisant tels des dragons de papier,
Tu d'un creuset flottant où son flambeau renaît,
Une existence est comme un centre d'intérêt.

## LXXXIII.
### Grausamkeit

Le gris des cruautés plisse en son front la transe !
Etre élu d'où chérir avec intelligence.
Au lieu de s'écraser, un vieux cerveau pourrait
Mettant à nu sur son cuir l'occulte osselet,
Fronçant son forceps éclosant, se déployer,
La coupelle au creux de la main faisant sauter.

## LXXXIV.
### Le Chevalier à la Rose

Brisant les symboles primordiaux à venir,
Reconnaissance où l'origine est à finir,
Cause s'agrégeant comme un égrégore intime
D'entre les passés hantant l'interstice infime,
L'ultime raison parfait l'opposition,
De faux jeux en château de cartes s'érigeant
Traversé comme d'un reflet se complétant,
Valet noir de la Céleste Administration !
Au porche d'un parvis, il se tient, miroité
Comme un espion montant la garde au krak enclos,
Tenant les clefs de Nephtys, le mur à son dos ;
Vers son cœur, à la source de sa vérité,
L'extrême est le plus proche de son opposé.

## LXXXV.
## Le Couronnement

Les cendres épandues de l'innocent chevreau
Pour un bon juge invoqué par le dragon rouge,
Grimoire intrusif du contournement nouveau,
Sous ce neuf calame acéré comme une gouge,
Le cadran saupoudrent, grinçant de cette cloque.
D'un tel nuage argenté crissant de son trot,
Le Fou lucifugé râle son écho rauque
Qu'il traverse en lui, temple interdit d'époque.
A la porte aux croisées borné, du trivium borne,
Ainsi se perd toujours l'insidieux jeu de poque
Que court un dieu furieux en son ivresse à corne.

## LXXXVI.
## Splendens

Bel et bien, il était beau ;
Sublime et triomphant,
Le radieux Lucifer
D'un irréfutable flambeau
La création irradiant
De son intime enfer !
Etreignant son lien,
A l'Orient ayant l'air de rien,
Le voilà dévoué,
Capté tel un éclair dévié,
Au fer de la nécessité.
A la Nuit dévoilé,
Le jeune Soir pythique
La pénètre en élan mystique.

## LXXXVII.
## Cher Abyme

Vieille sorcière étouffant, buste chevauché,
L'oniriste explorateur à son dos couché,
Tâtonne de derrière au totem levé
La chouette au regard mignon, que l'on peut trouver.
Dans les ailes poussées d'omoplates perçant,
Se divise entre ciel et terre le serpent.
Thanatonaute amnésiant jusqu'à ce rêve
D'enfant où le souvenir de l'avenir crève,
Alors, seulement, solitaire, en loup, Persée
Au vrai sanctuaire accède, ultime percée.
-Chère fée d'un valet de pique ancien complice,
Vois, le fou sur ton échiquier rouge et noir glisse !-
Holda, Mère de ces cauchemars filandreux,
Déesse tisseuse, coud les éons entre eux
Telle une inconsciente araignée tendant les pleurs
D'une architecture aux géométries d'ailleurs.

## LXXXVIII.
## Autogenèse

Torsion du serpent comme en corde torsadée
Formant des nœuds en une étoile bourrelée,
Le tiers des astres déchus aux limbes chtoniens
Remonte deux fois plus haut, lumineux Dāleth,
Tels les triangles inversés de Baphomet.
De sa queue reptilienne enlaçant des liens
La lance qui pourfend la source de son cœur,
La course du dragon céleste, constricteur
De l'océan primordial qu'en boucle il englobe,
Construit le Cosmos. Méditatif Macrobe,
En son halo de feu des causes géniteur,

Parmi de toutes les couleurs la vision,
Le karma du Talion, émergeant, la crinière
Embrase du Lion flamboyant et solaire
Comme un bélier triomphant ourlant sa toison.
Et la roue des saisons druidique arée la terre
D'où retourne aéré un souverain mystère.
Mais, basilic au corps diurne et pythien,
Courant, masque crevé d'infirme deltoïde,
Enfermé dans l'année d'un cycle, chrysalide,
D'infimes myrméléonidés serpentin,
D'un fronton dorique, or, se love un sphinx ancien.

## LXXXIX.
## Yaw-El

« Yaldabaôth est Dieu », prénom paradoxal
Inspiré par des aïeux au fils *animal*,
D'un souffle murmuré d'afin que son retour
Avant ne s'ignore au songe trompeur du jour !
Reflet du lion céleste à l'image aquatique,
Le voilà, singe au plafond confiné des terres,
Songe indéfini dans sa matrice cyclique !
L'*idole* est incarnée, ô détours volontaires !
Aux gloires dans le lourd matériel, condamné
Aux griffes du lion, vieux spectre écartelé.

## XC.
## Entre les Mondes

Conte à Maskilili

Dans la niche d'une stèle aux marches blottis,
Descendant par colimaçons intervertis,
Dentelés de créneaux en clochetons gothiques,
Engouffrons-nous dévorés, amants telluriques,

Derrière cette grille au retour incertain !
Des magnétismes aux passions lunatiques,
Effacez-vous au monde en un craintif dédain
Frissonnant des moiteurs de la désillusion,
En une étreinte, ô fusionnelle réunion.

## XCI.
## Le Masque de l'Arbre

Sanguin chêne au voisinage attentif et doux,
Le faux-jumeau ténébreux d'Ishtar lumineuse
Grince, rauque, du fond d'une forêt spongieuse
Où sa noire jument d'angoisse étreint la toux,
Piétinant, des momies de la tourbière.
Frisson troublant une impalpable frontière,
Tel un masque de paille en de son tronc l'écorce
Boursoufflant, il contemple, passant, le rêveur
Qui hante son galop comme un chevalier triste,
Et semble un Roi des Aulnes l'agrippant de force !
Quand, à reculons s'engouffre l'explorateur
Parmi les fougères au détour de sa piste.

## XCII.
### Part d'ombre

Tentée par des reflets l'ondoiement enchanté ;
Tel un saumon à la source, un peu hésitant,
Lutte un instant éternel contre le courant ;
A crédit serpentant, magnétisme opposé,
Part l'ombre idéale en soi pour l'unicité.
Qui s'abîme intérieurement d'un vol ample,
Aux ruades de soubresauts récalcitrants
L'intrus dérobe le rebours de ses passions.
En ses couloirs secrets, le fugitif du temple
Au remord des regrets résout ses différents
Trépassant comme dans un rêve à reculons.

## XCIII.
### Hermanubis

Un ange deltoïde émerge en majesté
Dessus la roue constellée des cycles solaires
Ainsi qu'un sphinx bleuté ployant ses ailes d'or.
De la noirceur où vit, contraste, la clarté,
Il sourd tel un peuple ardent de coléoptères,
Tenant aux creux des mains les yeux du faucon Hor'.
Astres séparés, cristal d'un prisme éclaté,
Rayons s'ajustant d'orifices de Louxor
De sa queue nouant les éléments réfractaires,
Songe le vieux dragon par son aile foulé.

## XCIV.
### Numerus Clausus

Si c'était un début, neuf était donc la fin !
Fausse similitude au charnel inculquée !
Le cycle en spirale ouvert n'est pas un refrain :
Mais réfléchie se transmet l'Idée reflétée.

## XCV.
### Palingénésie cataclysmique

Séraphins serviteurs d'un lion cyclope en pluie
Brandissant des épées de feu comme des torches
Tournoyant devant sa rétine racornie
Afin que de l'arbre immortel, tu ne l'écorches,

Homme hybride indigne encor de ne suffoquer
Aux essoufflements mortels d'amours électifs !
Tant que l'aspiration remplie de volupté
N'aura tari l'influence aux essors plaintifs

S'inscrivant dans ta chair, perdurer serait vain.
Remélangeant toujours du même le brassin,
Les générations se succèdent, aléas

De destins ramifiés, possibles nécessaires !
Quand, magnétique union d'insensibles éclats,
Se recompose un cristal des flots séculaires.

## XCVI.
## Le Devoir perdu

Les trois enfants oubliés tout au fond d'une âme
Hésitent à ressurgir quand l'esprit dissipe
De son souffle l'obscurité qui nous agrippe.
Tri-empalée, sage et solitaire ondoie la trame
Semblant de trois bougies se transmettant la flamme.
Et l'ombre chinoise au creux de cette caverne
Comme un *ovum anguinum* roule sur la berne.
Pèlerin suivant l'Arcane de sa carte,
Boussole constellant tel d'un cadran la charte,
De l'art, de la sagesse ultime ou de l'étude,
Quelle porte choisiras-tu par lassitude ?

## XCVII.
### Les Râles du Vent

D’un jardin désuet asséché par l’automne
Remoisi comme un grenier poussiéreux où tonne
L’éclair cramoisi, d’un vieux parc à la française
Se dressent dénudés les moignons défleuris
D’arbres de Judée aux massifs perlés de bruine.
S’arrachant aux moiteurs glaciales où l’arc pèse
D’un frais auvent de bois aux portiques pourris,
Vague, un regret ténébreux, blotti se confine.
Sous les violents assauts de l’orage furieux,
Moussé des monts obscurs perçant, d’un soir pluvieux,
Les spectres de la nuit dansent un menuet
Dont se froisse en mon cœur l’accordéon secret.

## XCVIII.
### Sapiens fugit

Le Mensonge est des amants de la vérité
Le sentier le plus direct, et pour l’emprunter,
Un destin pur par de faux chemins doit couper :
Ainsi s’insinue l’aimable argumentation.
Vers l’essence évitant, sautillant, la passion,
Le poussin du Phœnix cherche sa consomption.
Subtils détours de main de caresses damnées,
Les clochettes aux harmonies bleues et cuivrées
Séduisent tel un fruit les âmes aveuglées.

## XCIX.
## Mystères anciens

Orphée revenu d'un tumulus par les Thraces
Redégagé comme une caverne onirique,
Traîne les pieds, reculant, de ses longues traces.
Temple du feu pyramidal, un rais cosmique
Miré en précis orifices récessifs,
De la terrestre toupie érodant relaxe
Le serpent enroulé par son arbre. Mais, ifs,
Se croise au *trivium* un sol qui à bras s'axe ;
Souffle ardent d'un démiurge en pontife branchu,
Tel en vague, en nuée d'acridiens déchu ;
Au creux de la cavité, spirale infinie,
D'un *triskell*, porte vrillée encadrée de flamme
Où le pas sûr danse tel d'un compas la trame,
En un yantra dont la boucle se replie.

## C.
## L'Ecologie germinatoire

La rose se fane, inflorescence d'octobre,
Tournoyant brasier d'espoirs trop idéaux
Dans un sac ramené de son socle au soc sobre.
Mais le filtrat doré de ces élans brutaux
Bientôt décante en l'insondable obscurité
D'où ressurgit son vain essor désenchanté.
Mais, limpide, surnage ainsi qu'en un coco
La remontée immortelle de son falot.

## CI.
## Aube de fer

L'agneau devient bouc par le savoir du serpent.
Vipère à corne un labyrinthe parcourant,
Si l'une des trois fées de la Nuit doit partir,
Qu'aucune ne s'en aille, et en chaîne aboutir
La molécule à nouveau pour se séparer.
Se forme en couple avec l'œil mixte en *a parte*
L'implicite méiose afin d'engendrer, vierge,
La pensée du lion verdoyant sur la berge.

## CII.
## Teufel

« …burlar el gran sacrilegio de la creación. »
Carlos Ruiz Zafón

Sphinx obscur surgissant de la nuit pour gâcher,
De son regard de feu traversant l'Achéron,
Approfondit l'âme, un nocturne papillon.
Te voici, ténébreux, vers l'extase appelé !
Equilibre aux deux tiers de souffrance idéale,
Les Anges Noirs, pareils aux étoiles déchues
Sous la queue du Dragon, d'une harmonie fatale
Rétablissent l'ordre insondable où l'infini
Régénère un destin d'unités confondues.
Et le Phœnix s'abîme toujours ennobli
Tel un mandala déployé dans son oubli.

## CIII.
## La Lyre céleste

Sous le croissant de Diane un laboureur écorche
La terre qui saigne en la lune larmoyante.
Dame de l'Est en sa bruine ondule, mouvante,
La nixe Ondine en rouge et noir dessous un porche
En damier d'un manoir inspiré par Khéops,
Où filtre la lumière répercutée
De ses rayons d'un vert blanchâtre sur l'ondée.
Fontaine de Jouvence, hulule à mort la mops !
Un nuage de saphir encerclait le disque
Dont la vierge d'argent reposait au ménisque.

## CIV.
## Finis Terrae

Ainsi l'inspiration des rêves enfantins,
Par l'âpre étude, rejoint les sciences secrètes,
De la mise en abyme, en des pistes discrètes,
De Pythagore au signe aspirant aux confins.
Pèlerinage où le chemin étincelant
De stibium constitue sa quête s'excentrant.
Le Serpent de la Gnose au Sept d'elle accolé
Dans le savoir de Seth, à tire d'aile en œuf
Se régénère triplement, cœur décelé
De ses mues détournant, tiré, paroi, l'arc neuf
Tel en un œil pris au centre de cette toile,
Losange encastré dont la veuve se dévoile.
Sentiment corporel d'intérieure froidure,
D'envols autres se déploie la température
Comme ouvertes par l'inexorable tension,
Outre, en un plexus déchiré d'une émotion.

# Symboles primordiaux à venir

*« Un espiét fort e reit m'aportez en la place,*
*Ki grant seit e pesanz… »*

*Le Pèlerinage de Charlemagne*,
Robert Wace de Jersey

## I.
## Die Büchse

Ou le Vase de Pandore

Pandore aimée de tout, par sympathie cosmique
En un ancien mystère amante du dieu Pan,
Qui le paralyse enlacée tel un serpent.
Le venin délicieux comme une ivresse antique
Enflamme fixement ces yeux aux membres roids,
Ainsi la fière impassibilité des rois !
O fièvre germinatoire en le sein sourdant
Dont l'aura ondule variant sur l'océan.

## II.
## Pisentius de Koptos

Qui vivait dans un tombeau

Hermite d'or vêtu fuyant par les passages
A la dérobée d'escaliers de sarcophages,
Deltas en spire exacte enroulant les degrés
De leur suite de Fibonacci reflétés,
S'ouvrant vers une destination hasardeuse,
De Saint Pisenthios la caverne somptueuse
Se découvre en ton sein, ô intrus fugitif !
Par des paliers secrets, soudain il vole à vif.
Serpenté par la sagesse du vieil *abba*,
Conversant avec la momie dans son tombeau
Remontant vers le centre à l'originel flot,
Aux fantômes du monde où la foudre s'abat
Tissant par le jeu de leurs passes magnétiques
Les racines invisibles de la matière,
Aux yeux de l'habitant des cryptes solitaire,
Renaît l'horizon de ces portes concentriques.

## III.
## La Montagne des Roses

Où galopent des troupeaux d'équidés sauvages,
Un berger perd sa peau devant ces paysages.
En une grotte au mont d'où fleurissent les roses,
Chouetton au milieu d'églantines écloses,
Un énorme crapaud garde la fée captive.
Par son goitre putride éructant la chaux vive
D'un brasier palpitant, le monstre se rengorge.
Comme un fourneau dans l'obscurité d'une forge,
Il ronfle. Quand soudain à l'heure de la vêpre,
La hache du pauvret fait éclater sa lèpre.

## IV.
## L'Aube des Mages

De l'odeur d'un sureau, mielleux, montant, l'arôme
Dont erre, séduisant, le tissu de fantôme
Comme une ombre à l'odeur de terre enveloppée,
Emerge la chrysalide en nymphe envolée.
Les vapeurs s'exhalent de terreurs chimériques
Par leurs branches creusées en fluteaux maléfiques.
Poudreux, l'air serein baigné dans ce vieux soir fume
D'aspérule embaumée de clairs pollens l'écume.
L'haleine boisée de la sylve séculaire
Diffuse alors soudain comme un brumeux mystère.
Serpentine à la longue chevelure où tombe
Du poids de ses lourdes boucles un frais bosquet,
Traînant une forêt de campanules frêles,
Son manteau parfumé pénètre dans la tombe.
Par le colimaçon de ce menhir secret,
O guerrier dormant, à chaque siècle ensorcèles-
Tu ces souterrains enchantés de tels embruns,
Or que les filles-fleurs t'épuisent de leurs faims.

V.
La Sage Passion

Tel accédant à la souffrante connaissance
Au bord du Nil par l'éveil plein de clairvoyance
Contaminé de Moïse l'Ethiopien,
Le sang déborde au vallon d'un dragon ancien.
Tandis que le fugitif dérobe la clef
En son dos vulnérable, où bat un cœur pressé,
Se referme, élargissant son cycle d'esprit,
L'ouroboros incarné qu'aspire, ébloui,
Ce plexus inspiré comme un chaudron d'où râle
Le joyau chu du front de l'étoile aurorale.

## VI.
## La Nixe

Au frisson des sapins sur ces arcs de cristal
Où végète en ses tréfonds un palais glacial ;
Comme un autre où les dauphins pénétraient à Delphes
Qui donnait sur la mer ses grottes sinueuses
Jusqu'à un couloir de marbre ; en algues de fée,
Caressant le courant, escortée par les Elfes,
Des marigots du Rhin, forêts marécageuses,
Créature marine aux ruisseaux remontée
Des bassins d'un lac bleuté par les revers, temple,
L'ondine épand ses cheveux dans une brasse ample.
Quand essoufflée, enfin, elle se meurt transie,
Aux bras, dessous les heurts d'émois endolorie.

## VII.
## Les Hermencules tournoyants

Par une dalle interdite au fond du jardin,
Pénètre une galerie gothique sous terre,
Fenêtres en péristyle de monastère.
En un colimaçon de salles qu'un lutrin
Révèle dans un râle, à chaque chambre obscure
Qu'une rosace où filtre un pentacle faustien
Remplit d'angoisse, néant en soi, s'aventure
Aux colonnes bombées d'un temple égyptien,
Un œil, par les cités du monde souterrain.
Dans l'air gris, les deux arcs d'un regard malveillant
S'impriment comme après un éblouissement ;
D'un grouillement les ombres, flore imperceptible,
Tel un noir psychopompe étiré vers sa cible,
Tandis que la pénombre aux rampants lucifuges
Grignote, refermant les accès vers le jour
Où résonnent leurs cris fusant de ces refuges
Dont se répand le sombre piège alentour.

## VIII.
## La Moisson de Saturne

Œil lunaire d'Horus, du fond du puits Mimir,
La chrysalide ouverte en plexus déployé
Se mire, paupière à l'iris fendu pour fuir,
Ogive de Serpent. Lotus en nouveau-né
Tels les pleurs au rire inachevé du faucon
Dont la traînée s'admire, exacte imperfection.
Chérubin couvert d'yeux en plumes de paon,
S'ouvrent ses ailes un esprit d'air libérant.
Mâchoire en doigts décroisés des cils de l'Oudjat,
S'envole en ce torse aux cités de la Douat
Le dieu-rapace dit Râ-Hor' Bec-de-ciseau.
Vivant, afflue alors de son sang l'arbrisseau.

## IX.
## Le faux Starets

Créations entremêlées d'autres surnatures,
Par points de vue se meut la conscience adaptée
Comme une âme qui se meurt, métamorphosée.
Dans l'obscurité de rampantes créatures,
-Sceau barré d'un serment semblable au caducée,
Serpente, amour secret, sa sigillographie.-
Par un vieux savant sous son noir capuchon,
Assisté d'une occulte et physique énergie,
Un corps manipulé par télékinésie,
Qui lentement se retourne en lévitation,
Gémit comme halluciné. Car les lois secrètes
D'yeux clos seuls ploient aux assez lucides facettes.

## X.
## Le bon Génie

Les formes de l'obscurité maigres tapies,
Les regards souriants harcelant ainsi des hyènes,
Déchirent de nuit de leurs ongles de Harpies
La palpitation des étreintes sans voix.
Derrière la toile impressionnant ces phalènes,
Un esprit bienveillant que vit le peintre hongrois
Colle ses mains magnétiques à des parois
Invisibles, avec dans l'air énigmatique
Tout le mystère enjoué d'un flux sympathique.

## XI.
## Alchimie des Plantes

La fumée montant de la poudre d'alchémille,
Feuille en corolle amenant la rosée céleste,
Ressemble aux puretés où le démon faucille
Et aux grands repentis accomplissant le reste.
Essence d'eucalyptus imprégnant les pluies
De ces sylves aux ombrages microcosmiques,
L'élément des éthers se condense, ambroisies
Où redescendent ces esprits talismaniques.

## XII.
## Métaphysique quantique

Du Père-Arbre, âme du dé, l'asthme éteint,
Le Roi des Aulnes d'un souffle embrasé,
De l'Esprit divin fauve volonté,
Tel un serpent son réalisme étreint.
Et ainsi se construit le jubilé
Chaotique enchaînant son gentilé !
Si se défile à côté le pas feint.

## XIII.
## Le Fil coupé

Coupant la faux de son bec au géométrique
Regard empli de justes lunes ponctuelles,
Fil de dagyde rompu d'un diable à la clique,
En oisillon momie formé de la panique,
Soulevée par ces innocentes gestuelles,
Dédouble sa platitude aux minces parcelles
L'air coquin dans un sens aux lignes actuelles.
Quand décompose un personnage sympathique
Tourné, trigone cérébral, le nerf optique.

## XIV.
## A un Ange triste

Tout ce que je veux, c'est ma pipe, errer, dormir !
Malmené par les flots de l'existence infâme,
Me cracher sur la rue hors des bras de la femme !
O Représentation qui ne saurait mentir !
Vierge de la rancune, expirer cette flamme !

## XV.
## L'Englobement dodécaédrique

Division des âmes en l'esprit infini,
Se finit la libération du déni.
Des visions colorées de la lumière infime
Se manifeste enfin l'éclosion sublime.
Car le nombre contient l'insondable unité
Dans le retour expansif d'autres structuré.
L'influence ignorée d'univers parallèles
De tels rêves s'enflant s'égare à tire-d'ailes
Tel un divin Narcisse inconnu de la foule
Aux croisées des chemins germant dans cette boule.
Mais, du sage singeant, voluptueux Mentor,
La sphère au point carré déploie son triangle d'or,
Lassé comme un frileux qui voit monter sa barbe !
L'Esprit suprême respire les univers
Tel en spires animées qu'inspire à l'envers
Le souffle d'être, en sa xanthocarpe joubarbe
Par son haleine ardente environnée d'éclairs.

## XVI.
## La Nymphose faérique

Qui lui-même en un détour, qui le reconnaît,
Luit pour ce seul intrus au milieu d'un bosquet,
Mille yeux dont les constellations curieuses
Scintillant dans le feuillage des vertes yeuses,
S'épand un temps merveilleux comme une clairière.
Et, teintent de cristal les pollens derrière
Dansant de fleurs éteintes aux corolles blondes
Variant leurs couleurs estompées et profondes,
Tel un petit étang, l'étendue enchantée
Où frémit l'envol en rire aigu, dissipée
De ces mantes dont la féerie se révèle
Au regard qui les rêve en leur forme nouvelle.

## XVII.
## Syncrétisme animal

En vertu d'incarné divin,
Renaît en Anubis le chien.
L'humain ibis, tel un babouin
Singeant son reflet, se souvient.
Basse-tête écrasant ce lien.
Comme en roue multiplie le clin,
Bascule, interrupteur, chemin
Ramifié d'un autre destin.

## XVIII.
## Le Règne antique

Face affaissée galbant, bulbe dissymétrique,
L'hémisphère insuffle au proéminant bifrons
Un air démoniaque, exploration amnésique.
Inclinant le pavage obscur de ses tréfonds,
L'iris se cerne en hexagone concentrique
Où luit, jaune, d'un faune sauvage aux affronts
La flamme estompée de fureur prédynastique.
Mi-bouc, mi-reptile, encastrant de ses chevrons
L'ancien dieu champêtre épousant la belle arctique,
Un monstrueux hybride écarquille, or qu'il tique,
Son effroi parmi les froids serpentements blonds
Où frise la noirceur pourprée de sa panique !

## XIX.
## Diable de foire

Cheminant au fil d'une visite onirique,
L'intrus tend un pentacle au tour labyrinthique.
Tissage arachnéen où se perd en abyme
Sa spirale d'or, il poursuit, fuyant son mime.
Du bouffon la Voie Royale, glisse et descend
Soudain s'inclinant, contre le plancher grinçant,
Plaqué par, improbable de manège, un Mage,
Aperçoit déformé d'un faune le visage,
Lors de leur dialogue philosophique en vain,
Dont il reconnaît les griffures au matin.

## XX.
## L'Harakiri amuï

Tel un petit Mercure humant le soufre antique,
Un esprit bienveillant retournant sur son cœur
La faux saturnienne à mort avec bonne humeur,
Se mue en Amour comme un soupir volcanique.
Et car ainsi par ce trait, flèche sagittaire,
D'un écart sage à l'envie infiniment taire,
En vitale énergie transmue son trop-plein clair
D'une pléthore infirme où s'anime la chair.

## XXI.
### Tétanie

Ah fureurs de l’extase où la passion renaît
En deux seins enflammés de son encens secret !
Etre haletant jusqu’à une autre dimension
Révélée, miroir de l’amoureuse fusion.
Ainsi l’embrassement d’un Phœnix alchimique,
Se meurt l’explosion d’un au-delà pathétique.

## XXII.
### Pétunage au crépuscule

Lentement se déguste,
Manière en vivant,
La consomption fruste
D’un parfum mort avant.
Tourbillon d’étoiles vertes,
Nuée de points scintillant,
D’Elfs le jeu magicien
Sur les tourbes inertes,
S’allume, arpège ancien.
Comme un vieux calumet
Charmeur d’esprits follet,
Au cri plébéien,
S’éteint l’enchantement.

## XXIII.
## L'Incubation démiurgique

Fil de serre incise, preste,
Des griffures de Satan,
Froid comme un léopard leste
Le croc du ver séparant
Ce Serpent coupant son geste.
Du Soleil le cycle lent
Fend son pelage en la geste.

## XXIV.
## L'Emissaire

Quand il traverse un palais, l'errant fugitif
Connaît chaque Triomphe, et par faute initié
Passant en diagonale, adopte un air princier.
A la cellule sans clef, il entre au canif,
Au fil du dédale où l'intrus accède aux gloires.
Par le couloir perdu d'un détour solitaire,
L'angle de fuite égaré pointe le mystère.
Cartes d'un château sur dalles rouges et noires,
S'érige en cerf-volant, tendue sa toile en foires.

## XXV.
## Le Joyau du Cyclope

Rubis de double essence à la chambre entrouverte
D'une pyramide ainsi l'émeraude verte,
Se répercute en sa géométrie la perte
D'une tête noircie de putréfaction.
Comme une aile en feu se refermant sur son sein,
Des codes occultés de génuflexion,
Semblant du Delta d'un œil cordial le déclin
Dont bat, réseau secret, l'inextinguible lueur,
Renaît le Phœnix crucifié d'Ixion.
Et si remonte aux cieux le lion généré,
Une corne en prisme échue au creuset de fleur
Tel un Oudjat condensant la rosée d'un pleur,
Voyant que le mit au jour l'insigne clarté,
D'une pique en son cœur l'ascension subtile
Cristallisant, Vase de Longin versatile,
D'un signe scintillant reconnaît son unité.

## XXVI.
## Les Deux Dragons

Filant dessus le carrelage d'un couloir,
La miroitante Atlante s'enfuit sans le voir,
Palais de glace aux galeries labyrinthiques.
Les deux couleurs de l'Œuvre, le rouge et le noir,
Se mêlent en la roue des temps philosophiques
Ainsi que deux dragons, des destructions cycliques,
Serpent ancien et chevalier de la Mouche.
L'usurpateur mûrit le sang séparateur
Insoluble, assommoir de la herse infecteur.
Le coureur des antres de Vénus Cypris louche
Se réveille avec une araignée sur la bouche.

## XXVII.
## Nostalgie d'un rêve

Déjà l'oubli s'efface, en un songe complice
Tel un palimpseste ! Ah… doux engloutissement
Au torrentiel fracas des passions lentement
Etouffé d'une étreinte aux profondeurs d'abysse.
D'un jour éblouissant la neuve rhétorique,
Marquant comme au burin son efficacité,
Des banalités du quotidien se complique.
Et tandis qu'en poussière une tendresse ardente
S'étend ainsi qu'une amnésie, pluies du Léthé
Plongeant sous leurs feux, la fée sublime s'évente.

## XXVIII.
## Les Soupirs de l'Archée

Infusion céleste au bouillonnement chtonien,
Passion que chanta le vieux *ghazal* afghan,
L'Amour au vase infime plongé du vivant
Remporte vers l'azur le don de son butin
Tel un sphinx deltoïde, enrichi de bonté.
Souffle inspiré de la nue posant un baiser,
L'Ange précipité dans le gouffre reprend
Du fond son essor, ravivant le talisman.

## XXIX.
## Le Coléoptère nephtysiaque

Grenier dont le poutrage en pentagramme assemble
En perspective une spirale où il s'encastre
A l'infini, des pans d'étoiles renversés,
Armé de sa pique, un cavalier noir d'amble
A travers cet enchevêtrement de pilastre
Fait vibrer les chevrons de ses mues engoncés.
Sacrifié sur le Trône à l'œil du faucon semble
Bourdonner tel un scarabée de Nephtys castre,
Aux miroirs de son château de cartes piégés,
Par cette mise en abyme en toile entre où tremble
L'armure portant la lumière d'un astre,
A l'origine une Mère Araignée, tissés.

## XXX.
## L'Estocade

Cire larmoyée d'un rapace humanisé,
Cèle son papyrus l'intendant des Enfers.
Sourd aux sirènes voluptueuses des éthers
Volant par l'azur, brise le sceau, l'éclairé
Portant comme un faisceau le lourd feu de sa plume.
Contaminant l'ardeur prométhéenne allume
Au corps essentiel, au lieu d'être éveilleur,
De sa torche veillant le plus vaillant de cœur.

## XXXI.
## Le Bouclier Spirituel

*Geistliche Schild*

L'œil ailé du faucon, tout à travers l'espace,
Ce long voyage achevé revient à sa place.
Tel contre les assauts ondulants d'un geyser,
L'étoile de Vénus, flambeau de Lucifer,
La page ouvrit d'un Bouclier Spirituel.
Illuminé d'un arc-en-ciel artificiel,
L'Ange atterré se débat, puis, triomphant,
Restitue la flamme ocre en son regard d'enfant.

## XXXII.
## Le Corps pensant

Ainsi les racines d'un arbre cérébral,
Yggdrasil inversé des organes vitaux,
Des astres par le magnétisme des métaux
Le fluide en éclair traverse un corps fractal.
Germé comme un fruit futur de la pensée lente
Dont le chaos se développe en une plante,
Se meurt l'enveloppe aux naissances successives
De l'organisme unique. Et mûrit la semence
Qui mue, cependant que son plan par ressemblance
Dévie, qui se déploient, en son flux les dérives.

## XXXIII.
## Le Bâtard du Loup

L'*élu de la douleur*, en chasse de Joseph,
Reconstruit le Grand-père interdit d'union pure.
Mais l'œil crevé du fond d'un puits secret perdure,
Semblant d'un Oudjat perdu la clef en aleph.
Le royaume obscur des Elfes Noirs, surnature
Envahissant les sylves de ses lianes, grief
Griffe, inséminant sa céleste pourriture.

## XXXIV.
### Symbolon

Dans le crépuscule arde un silencieux mystère.
Jacob frappant de son poignard le pain vivant
S'acharne, et le dépèce, et le voit tout saignant !
Ainsi s'accomplit le souverain magistère.
De la Nature achevée la magie s'opère :
L'allégorie rejoint la physique au levant.

## XXXV.
### La Pierre polie

Sagesse ignée d'un détournement paulicien,
De Baanès la voie solitaire fut bannie.
Isaurianisme au testament manichéen,
Surgit donc le savoir ultime en Arménie !
Toujours des profondeurs pleines d'âmes s'anime
Du rouge du destin la naissance qu'arrime
Sa générosité. Si chevauche en visière
Le destrier qui s'égare vers la lumière.

## XXXVI.
## Le Puits du Sphinx

Baiser qui craque en croquant comme une cerise,
Crisse une bouche à ses dents, fil de herse exquise.
Telle une tour débouche au bout à la margelle
Au retour de cet huis vers une entrée nouvelle.
Lampe à karma, fume cornue un limaçon.
Trois Mages rois dans la pièce carrée au fond
Tournent, s'entretenant en secret d'un puits rond
Avant de remonter par son colimaçon,
Qu'il semble en spirale d'or des Enfers dantesques
Mesurant le point de fils à plombs gigantesques.

## XXXVII.
## Le but du philosophe est l'illusion d'exister

D'un œil losangulaire aux noirceurs ébloui
En vertical ouvert de ce savant oubli,
Le but du sage est l'illusion d'exister !
O Philosophe aime à déraison la clarté !
Des serpentements de soleils artificieux,
Ultime dérision sous la chape des cieux.

## XXXVIII.
## Le Chrême philosophique

Bouillant chaudron de vie,
Aux verts parfums de transe
Des fleurs de connaissance,
Donc tarde l'énergie
Se scindant de la sphère.
Où elle se divise,
Ceinte à la quarte chaude,
-Ataraxie promise !-
Bec en triangle sec vise
La corde de l'ovaire
L'envers de lune, fraude
Dont arde l'émeraude,
Sang versé du cratère.

## XXXIX.
## Le Remembrement de Pan

A l'image idolâtre au serpent miroité,
Revoilée, se révèle au néant la clarté.
De son troisième Oudjat rejoignant le noyau,
Sauvage, la passion des âges se défrise,
Ankh d'un scarabée encastré comme un joyau
Evoluant parmi ce pailleux boyau.
En l'astre humain tendu, fil d'une rose mise
De sa toile en abyme étoilée d'algorithmes,
La Mère araignée ainsi que d'un cœur les rythmes
Construit du Cosmos illuminé la méprise.
Au flambeau scintillant de l'autocombustion
D'un valet lucifuge armorié de sa pique
En chevrons au plexus, gardant son bastion,
D'un krak de Nephtys la craquelante panique,
Comme en un château d'Arcanes, miroite aux glaces
D'un dodécaèdre où se complète, hologramme,
De l'Hermès cornu la Monade sur les places.
Dans un éternel crépuscule d'or bruni,
Echiquier rouge et noir où fuit l'Atlante, dame
En ce mouvant couloir, veut savoir sauve qui ?

# Sommaire

*Méditations lyriques*

*Méditations lyriques*

# Du même auteur

Recueils de poésie :

*Sépulcres*

*Noctifer, le porteur de nuit*

*Ouroboros*

*Les Révélations d'Awalhdouateden*

*Les Mystères intérieurs, ou l'Arche d'Outanapishtim*

Conte fantastique – poème en prose :

*Idéal et Destinée*

Calligramme :

*Le Crochet*

Autres recueils, textes inédits, les poèmes dans leur contexte, contact :

*www.joelgissypoesie.blogspot.com*

*Méditations lyriques*